尾見康博
進藤聡彦【編】

私たちを知る
心理学の視点

勁草書房

はしがき

心理学ブームといわれている現状で、心理学に興味をもってくれている人が多いのはそれを生業としている者にとっては嬉しい。しかし、大学に入学したての新入生になぜ心理学を志望したのかについて尋ねると「人のこころを読めるようになるから」「将来、学校の先生になって不登校の子どもたちの手助けができるから」といった答えが返ってくる。この回答は半分正解で、半分間違いである。心理学を学べば「人のこころを読むなんていうことは、本当はできないことだ」「不登校の子どもを登校させるようにするのは生半可なことじゃない」ということがわかる。先の新入生の心理学のイメージからすると、巷で考えられている心理学が、学問の対象としての心理学と少し違っているのかもしれない。もし違っているとしたら、学問としての心理学の一端にでも触れてほしい気持ちがある。これが本書を執筆しようと思った動機である。

執筆の際、いくつかの特徴をもたせようと思った。心理学の研究を客観的に述べる書物は多数ある。その一方でやや専門的な本は心理学に不慣れな読者にとっては読みにくいという難点がある。

そこで、本質的な内容を保ちながらもなるべく平易になるようにしようとした。これが第一の特徴である。

第二の特徴は、客観的な研究事実を挙げたり、専門用語を解説したりするだけでは心理学のおもしろさは感じてもらえない。そこで、専門的な心理学の概念や心理学の考え方に触れてもらいながら、心理学が私たちの日常生活と接点をもっていることを強調しようとした。そのために具体的な例を数多く取り入れた。そうした事例を通して、私、私たち、ひいては社会を知る観点が多様であり、また、それらについて知ることがそれほど簡単で単純ではないこともわかっていただけるのではないだろうか。

第三の特徴はなるべく各章を担当する執筆者の独自性を生かしたいと考えた点である。この点は、全体としての統一性を欠くかもしれないという反面、その人の心理学というものが前面に出ることにつながる。そして、そのことはある種の迫力となって読者に説得力をもつものになるのではないかと思われる。

では各章の内容をプロローグとして簡単に紹介しよう。

第一章では、著者がダイスケという少年に行ったカウンセリングの過程を通して、心理学では複雑なひとの「こころ」をどのように捉え、どのように「こころ」の援助をしていくのかが書かれている。とくに、ダイスケの「こころ」を主要な理論を枠組みとして説明している。難解な理論が平易に説明されているため、臨床心理学と呼ばれる領域の全体像も見えてくるように思う。

第二章では、実際に二人の育児に忙しい著者の家庭のようすを織り込みながら、発達ということについて縦横無尽に論を進めている。机上の知識ではなく、実際に子育ての真っ最中にある母親としての視点からも、その記述には説得力があり、共感をもてるものとなっている。また、発達という現象の見方を一変させてくれるような発達観も紹介されている。

第三章では性格について述べられている。性格というのは十人十色どころか、千人千色である。これを心理学者達はどのように捉えてきたか、その研究史が述べられている。また、性格に影響すると考えられている育児態度や出生順位は本当に大きな影響をもつのかについて研究の手続きと共に考えられている。心理学の方法論にも触れることができるであろう。

第四章では、私たちが、自分や自分と社会との関係について、あるいは他人について、常識だと考えがちなことがじつは常識でなかったり、場合によっては非常識であったりするということを、社会心理学の豊富な研究例を紹介しながら述べている。もしも、これらの知見に疑問や疑念を持ったならば、心理学の方法を学んだ上で、ぜひとも、実際にご自身で実験や調査を試みてほしい。

第五章では、「学ぶ」ということをめぐる問題について、ひとの情報処理の観点から考えていく。具体的な日常の事例も豊富に載っているので、普段あまり考えることのない自分の「学び」を考えてみるいい機会になるのではないかと思われる。また、簡単な心理学の実験も紹介されているので、読者も実験に参加したつもりになって読み進められるだろう。

最後に、本書の出版に当たっては勁草書房編集部の町田民世子氏にお世話になった。記して感謝申し上げたい。

二〇〇三年一一月

編　者

私たちを知る心理学の視点／目次

第1章　ある不登校の事例から臨床心理学の理論を考える
――ある中学男子生徒との面接――

松嶋秀明

1　はじめに

まずひとつの事例を提示してみる。臨床心理学の理論が単なる知識としてではなく、実際の事例のなかでいかに使われるのかを知ることで、生きた知識としてとらえることが重要だと考えるからだ。この事例は筆者が数年前、スクールカウンセラーとして関わった中学校での事例であり、世間一般には「不登校」と呼ばれる生徒と、その家族に対する心理療法的関わりの記録である。生徒は、当初、家になかばひきこもり状態であったが、筆者の半年間にわたる面接の間に変化し、最終的には特別教室に登校できるまでに至った。経過は便宜的に三つの時期に分けてある。なお、事例は内容を損なわない範囲で改編されている。また、記述中にある〈　〉内は筆者の発言である。

●第一期（関係形成の時期）

初めてダイスケに会ったのは中学二年生の二学期を迎えてすぐ、担任からの紹介によってだった。ダイスケの担任によれば、成績はあまりよいほうではないが、真面目に取り組む生徒だとのことであった。おとなしい性格でどちらかといえば目立たないほうであるが、親しい友人は何人かいるようだ。非行傾向にある上級生にからかわれたことをきっかけとして、中学一年生の三学期から学校に行き渋るようになり、二年生になってからは完全に不登校となった。

家族は、父、母、姉の四人家族。母は基本的に家にいるが、週に二回、早朝のパート勤めをしている。姉は、現在は大学一年生で、ダイスケにはことあるごとに学校に行くよう促しているという。また母親の対応が甘いと責めているとのことだった。

家庭でのダイスケは、たいてい正午ちかくまで寝ている。夜、母と一緒に、レンタルビデオ店やコンビニに行くのが唯一の外出である。母親は、普段ひきこもっている息子が外出する機会になればと、積極的に好きそうな場所に連れ出している。父は営業の仕事が忙しく、朝早く出勤して、深夜に帰宅するという生活が続いている。海外出張も多い。ダイスケは中学校に入ってから父親とはほとんどしゃべろうとしなくなったという。

初回のみ、担任を交えて学校近くの公民館で面接した。初対面のダイスケの印象は、大柄な体格に似つかわしくないほどおとなしく、気弱ですらあった。服装はパジャマのようであり、寝癖をつけ、靴下もはかずにサンダルばきといったいでたちである。どうみてもオシャレには見えない。声はとても小さく、しばしば注意を集中しなければ聞き漏らすほどである。面接では、まず母親と担任がダイスケの不登校について語りあった。ダイスケはうつむいたままで、次第につらそうな表情になっていった。三人もの大人に取り囲まれることは、非常にストレスな状況であると考え、筆者はダイスケを別室に連れ出した。そして面接に来てくれたことにお礼を言い、来ること自体がすごいことだと評価した。そして、〔学校に行くことだけが目標ではない。いろいろ人生について考えることも大切。ダイスケは学校に行きたいのに行けなくてつらいみたいだから、すこし元気になるお手伝いがしたい〕と話し、今後も通ってきてほしいと伝えた。ダイスケは静かにうなずいた。

その後、一～二週間に一度の間隔で面接をすることになった。話しやすいように、話題はもっぱら日常生活の報告や、好きな映画、マンガのことにした。公民館の室内で母親を交えて遊んだり、二人でキャッチボールしたりもした。

当初、ダイスケはほとんど自発的にしゃべろうとしなかった。筆者の質問にも「別に～」と言ってやりすごしたり、沈黙したりした。筆者は、彼の沈黙に付き合おうと思っていたが、母親はすかさず「昨日、映画にいったじゃない」「おばあちゃんの家に遊びにいったでしょ」と口をはさみ、最終的には母親が一人で語るということがくり返された。ダイスケはますます背中を丸め、「僕は関係なし。早く終わってくれないかなあ」という感じでいることが続いた。筆者はダイスケが母親に連れてこられているなと感じていた。しかし、実際にはそうではなかった。ある日、母親は面接をすっかり忘れていたのだが、ダイスケが思い出してやって来たことがあった。筆者にも、ダイスケが面接を楽しみに来ていることが実感されたエピソードだった。筆者と会話も続くようになってきた。後に伝え聞いたところによると、この頃、ダイスケは母親に、私が「今のところ、一番気があう人」と話していたそうである。

●第二期（展開の時期）

ダイスケは楽しげに話してくれるようになったが、筆者は彼の話す際の母親との関係性に違和感を覚えるようになった。ダイスケが思春期を迎える男性であることを考えれば、彼と母親の仲がよすぎるように感じられたのだ。彼は、話に詰まったときや、しゃべり終えたときには承認を求めるかのように、母親の顔を覗き込んだ。

また、母親も、ダイスケが自分で朝起きられないことに関して「ママがいけないんだよ」と、ふざけて責任転嫁するダイスケをとがめもせず、ニコニコ笑っているなど、筆者にはどちらが親で、どちらが子どもなのかわからないような印象が残った。母親に対する印象とは対照的に、父親に関してダイスケは「怖い、なんと話してよいかわからない」という。〔お父さんとは遊ばないの？〕との質問に対しては、父親は土日でも外出することが多く、顔をあわすことすら少ないとのことであった。ダイスケは、父親がいるとうるさいので、「いてくれないほうがいい」とさえいう。

母親は、父親が少し困った人であると語った。そして、父親が嫌いなのは姉も同じだとも語った。筆者は、ダイスケの父親に対して、家庭内では影が薄く、一般的に父親が子どもに与えると期待されている力強さがないといった印象を受けた。筆者は、ちょうど年末で面接が休みになる期間を利用して、ダイスケに父親と話すための努力をしてほしいと考えた。そこで、「朝七時に起きて全員で食卓につくこと」「その際、できるだけ多くの人としっかり挨拶をすること」を課題としてやってきてもらうよう二人に頼んだ。

新学期になって最初の面接で、課題について母親に聞いてみたところ、冬休み中はおおむね朝早く起き、ご飯を食べるという習慣を守ることができていたとのことであった。この後、母親のダイスケについての語りには、徐々に変化がみられた。これまでのように遅くまで寝ていることを報告するのをやめ、週に一日とはいえ、母親が早く外出する時には、父の朝食の用意をしてくれることを取り上げて肯定的に語るようになったのである。

それだけではない。父親との関係も少し変化がみられた。母親からは、ダイスケと父親が話す機会が増えていることが語られた。これまで筆者は、父親のことを息子に関心のない人物かと考えていたが、この時期になると母親は、「私があの人（ダイスケの父）に、（ダイスケに対して不登校のことを）あまり言わないでと言ってあったから、あの人も余計に話しにくいのかもしれません」と語ったり、「実は主人も、あの子のことは心配に思っているんですよ。私と二人で話している時には、よくダイスケのことがでてきます」と語ったりするというように、ダイスケに関心をもつ人物として語られるようになってきた。また、ある日のこと、母親が仕事のために不在だった日の昼、たまたま仕事が休みだった父が、「喫茶店でもいくか？」とダイスケを誘ったという出来事が報告された。「すごい珍しいことです」と母親は信じられないといった様子で語った。現実に、父親もダイスケに積極的にアプローチしようとし始めたこともあるのだろう。しかし、筆者にはこのエピソードがそれだけを示すのではなく、母親やダイスケの父親イメージが多少変わってきたことを示すものとしても受け止められた。

こうした変化と並行して、ダイスケの行動にも変化が生じ始めた。ダイスケは通っている塾の先生の勧めで英語検定を受けることに決め、そのための勉強を始めた。これまではほとんど勉強しなかったダイスケが、毎日、英語ドリルを始めたことに母親は驚いていた。また、冬休み中、ダイスケが小旅行をしたことが、母親から報告された。中学校の友人数名と、人気アイドルのコンサートに、電車で一時間以上かかる街まで出かけたという。その際、電車の乗換ホームがわからず迷ったのだが、ダイスケが率先して車掌に聞いて乗りきったとのことであった。ダイスケは友だちに引っ張られているというよりもむしろ、自ら率先して友だちをリードしていたようであったという。筆者は普段のどことなく頼りないダイスケのイメージとは違って、臨機応変に小旅行をやってのけたダイスケに感心した。ダイスケは「これは、一時的なものだよ。お父さんやお母さんが一緒なら頼ってしまう」と冷静に語った。筆者は、ダイスケが自分の行動についてこんなに冷静に見つめているのかと驚かされた。母親も、詳しい話はこの日に初めて聞いたとのことで、その頑張りに、ダイスケに対する見方を少し修正したようであった。

中学に行っていないために、新しい友だちを得ることの難しかったダイスケに、新しい友だちができたのもこの時期の特筆すべきトピックであった。この頃中学では、ケンジという、別の不登校生徒のことが話題になっていた。ケンジは、同じく不登校のダイスケの話を彼の母親から聞き、一度会ってみたいと言いだしたそうだ。ケンジと会ったダイスケは、筆者のことを「気さくな人だよ。僕も変わったんだ。受けてみるといいよ」とケンジに面接を勧めたそうだ。筆者は普段考えを表に出さないダイスケがそんなことを考えていたのかと驚いた。ダイスケの将来の進路についても語れるようになってきた。ダイスケは高校に行きたいし、だから今度のテストは受けてみようと思っていると語った。

●第三期（出立へ向けての準備の時期）

このようにダイスケに変化が見え始めたころ、筆者との面接にちょっとしたハプニングが起こった。いつも母親から、「家では一番、ダイスケに対して口うるさい」と語られていた姉が、ダイスケの面接に出席するといってついてきたのである。この日、たまたま大学が休みだった彼女は、面接の様子を見てみたいとついてきたそうである。姉は私たちが座った机の横に椅子を離して置き、私たちを一望できる位置に腰をおろした。まるで、筆者の品定めをしにきたかのように筆者には感じられたものだった。ダイスケは姉の登場にふてくされている。

筆者は、正直なところ、予定外の姉の登場に心中ドキドキしていたが、いつものとおりダイスケと話を始めた。ダイスケは最初こそ姉が来たことでふくれ面だったが、その後は普段と同じように語り始めた。姉に憎まれ口すらたたく場面もあった。筆者は面接の最後に、姉に今回の感想を聞いてみた。すると彼女は「家では、こんなにしゃべらないのに。すごいしゃべるんだね」と驚いた様子であった。姉にカウンセリング場面が気に入ってもらえたようだと、筆者はホッとした。

さて、彼は宣言どおり、期末テストに全日程参加することができた。もちろん、教室には入ることができず、別室での受験ではあったが、それでも立派に受験することができた。初め、期末テストを受験するというダイスケの宣言に懐疑的であった担任の教師は、この結果に興奮ぎみであった。テストが終わって、帰る前に担任に挨拶にきたダイスケを、担任は「よく受けたね」と褒めちぎっていた。ダイスケも照れくさそうではあったが、誇らしそうであった。また、ダイスケは私の姿を見つけると「あのー、今日の面接（テストが終了した午後からは面接の予定であった）、やめたいんですけど」と言う。〈あ、いいよ。でも、どうして？　都合悪い？〉と尋ねるとダイスケは「都合悪くはないんだけど～、学校はいったし～、昼はゆっくりしたい」と答えた。筆者はハッキリと嫌だと言えたことを評価して、その日の面接を取りやめにした。ダイスケの姿が頼もしく見えるようになってきた。

さて、この時期、筆者は次年度からの仕事の都合で、どうしてもこの中学を離れなければならないことになっていた。これは大変急なことだったので、ダイスケへの連絡も十分に時間をとって行えなかった。そして、いよいよ、最終回を迎えた。

最終回では、ダイスケはなんと、首に銀のネックレスをして面接に現れた。これまでのダイスケからは想像もつかないオシャレである。筆者は驚いて〈どうしたの、それ？〉と尋ねた。するとダ

表1－1　面接の各時期におけるダイスケ、および家族の状態と変化

面接の時期	ダイスケの状態と変化	家族の状態と変化
第1期	昼の十二時近くまで寝ている。起きているときは、自室で漫画、ビデオ。	母親はダイスケをなんとか外に連れ出そうと、いろいろなことに誘う。
	夜、母親と一緒に、レンタルビデオ店やコンビニにいく。	母親は、ダイスケができないことに焦点をあてて語る。
	面接には、身なりに構わずあらわれる。	父親はダイスケにあまり関与しないことが母親から語られる。
	面接では、あまり話そうとしない。無気力。	
第2期	面接では、映画やマンガの話をしてくれるようになるが、母親と友だちのようにしゃべる	母親は、ダイスケが今できていることを肯定的に語るようになる。
	中学校の友人と、アイドル・グループのコンサートに行く。	父親がダイスケを外出に誘ったことが、母親から報告される。
	不登校の友人と知り合い、友人を励ます。	
	「高校に行きたい」と、自らの進路について語られはじめる。	
第3期	英語検定の勉強をはじめる。	姉が来談し、ダイスケの雄弁さに驚く
	中学校に定期試験をうけにいく。	
	面接にネックレスをつけてあらわれる。	

イスケは「最近、ちょっとツキがないんだ。コンサートの抽選にもはずれちゃったし。だから、ツキを上げようと思ってね。このネックレスを買ってからちょっと運がついてきたよ」と少し得意げに語った。また、二ヶ月後に予定されているコンサートを、再びいつもの友だちと見にいく計画を立てていることについてもダイスケ本人から語られた。現在は、コンサートに行く友だちと、コンサートに行く計画を立てるべく、頻繁にダイスケの自宅で相談をしているのだという。「打ち合わせっていったってさあ、集合時刻とか、予算とかだけだから電話でもいいんだけ

どね」と言いつつ、「でも、普段、部屋にばっかりいるからさあ、一緒に遊ぼうって言ってんだ」とダイスケは楽しそうに語った。

私とダイスケとの関わりはこれで終了した。その後、後任のスクールカウンセラーに聞いたところ、ダイスケは新学期になったのを機に、週に一〜二回、相談室への登校をはじめたそうだ。最終的にはなんとか高校に合格し、無事に通っているという（各々の時期におけるダイスケの変化を表1—1にまとめたのでそちらも参照していただきたい）。

2　いくつかの精神障害と、その診断・見立て

●診断と見立てとは

ダイスケは不登校という問題によって筆者の面接に訪れたのだが、「不登校」とは学校に行かないという彼の行動上の特徴についた名前にすぎない。ひとくちに不登校といっても、さまざまな水準の心の障害や、発達障害を含んでいる。心理療法においては、通例、治療者のことをセラピスト、来談者のことをクライエントと呼ぶ。セラピストはクライエントや、その家族からクライエントの生育歴、家族関係などを聞くことで、どのような問題がクライエントに「不登校」という行動をとらせる原因となったのかを知る必要がある。

こうした情報をもとに、セラピストはクライエントがどのような精神障害だと診断されうるのか

を知らなければならない。もっとも、診断とは精神科医師によってなされるものである。心理的な関わりをするセラピストは、心理学的にクライエントの障害を見極めなければならない。このような心理学的にクライエントの障害を同定することを「見立て」と呼ぶ。

見立てるために、まず必要なのは、クライエントの心の障害の重さを把握することである。「心の障害」には大きく分けて三つの水準がある。すなわち、(一) 神経症水準、(二) 人格障害水準、(三) 精神病水準である。これらを分類する基準となるのはさまざまなものがあるが、現実吟味力はひとつの指標になる。例えば、われわれは「こうだったらいいな」という夢をもったり空想したりすることがある。しかし、いくら夢見たり、空想したりしても、それが現実ではないことをわれわれは知っているので、他人にはそのことを話さず心のなかにしまっておこうとする。このように、現実の世界で起こっていることと、自分が空想したことや、夢見たこととを区別する能力が現実吟味力である。また、自分の問題に関して、どれだけ葛藤を感じられるのか、悩むことができるのかといったことが指標になったりもする。上述の (一) から (三) はこの順番に心の障害の深刻さが増していく。

●神経症水準

まず、(一) の神経症とは中枢神経系、つまり大脳に異常が認められない心の障害である。この水準にあるクライエントは、自分の問題に対して悩んだり葛藤したりすることができ、自分で解決していく力が最も強い。現実の吟味は健康な人と変わらずにすることができる。特に原因は考えられないのにもかかわらず、死ぬのではないかという不安や、将来が不安であると思ったり、実際に呼吸困難や動悸、発汗、震えといった不安発作が起ることを特徴とする「不安神経症」や、例えば手をどれだけ洗っても不潔ではないかと思って手を洗い続けるとか、外出のたびにガスの元栓をしめたかとか、カギをかけ忘れていないかなど、自分でもバカらしいと思い、やめたいのに特定の行為を続けてしまったり（強迫行為）、考えたくないのにくり返し考えてしまう（強迫観念）ことを特徴とする「強迫神経症」、身体的な原因がないにもかかわらず、目や耳が聞こえなくなったり、手足が動かなくなったり（ヒステリー発作）、健忘や多重人格といった意識の障害（解離）を伴う転換神経症といった、さまざまなタイプがある。

●精神病水準

これに対して（三）の精神病とは中枢神経系における異常が認められる障害であり、「統合失調症」「うつ病」がその主なものである。いずれも心理療法のみではなく、薬物療法が必須である。

統合失調症は、精神活動のまとまりがとれなかったり、バランスが悪くなったりする病気である。人口の一％程度が発症するとされる。ダイスケのように中学生の段階では発症率は少なく、高校生から大学生の年代が好発年齢である。症状は「陽性」と「陰性」に分けられる。陽性症状とは、一見してそれが異常だとわかる外面的症状である。具体的には、幻覚、妄想、考えていることが周囲に漏れているような感じ、自分の思考や行動が誰か外からあやつられているような感じ（作為体験）、思考や動作のまとまりのなさ、異常な興奮や緊張、などである。一方、陰性症状とは、表面的にはそれとわかりにくく、ともすれば「怠けている」ともみられる症状である。具体的には、ひきこもり、意欲や集中力の低下、疲れやすさ、会話量の減少、抽象的思考ができない、思考や行動のパターン化などが挙げられる。

うつ病とは落ち込んで気分が晴れないこと、むやみに悲しくなったり、それまで持てていたいろいろなものへの興味がもてなくなること、思考がいつもよりゆっくりになったり、何事にも判断や決断がつかなくなることなどが症状として表れる病気である。自分など役にたたない人間だから死んでしまいたいという気持ちも表れるので、自殺の危険性もある。症状には一日の間でも変化がある（日内変動）。一般に朝は早く目が覚め（早朝覚醒）、落ち込んだ気分が続くが、夕方や夜になるとこうした気分がなくなっていくことがある。一般に「うつ病」といわれていても、ストレスや疲労によって引き起こされる神経症水準のものとは区別される。うつ病には、うつのエピソードのみが存在する単極性のうつと、周期的に躁のエピソードがくり返される双極性うつに分かれる。躁状態とは、夜はほとんど寝なくても平気で、疲れを知らずに活発に活動できたり、それまでが嘘のように気分爽快になったり、自分がとても価値のある人間だと思い込んだりするようになるという状態である。

●人格障害（境界例）水準

（一）の人格障害とは、上記の中間と位置付けられ、「境界例」と呼ばれることもある。しかし、中枢神経系に異常があるわけではなく、正確にいえば精神病との境界線上にある状態ではない。このような事情で（二）は、（一）（三）と別系統の障害とみなされる場合もある[1]。

人格障害とは、幼少期からの親をはじめとした他者との不適切な関わりの結果として、性格に歪みが生じた状態であると考えられている。境界性人格障害、自己愛人格障害など、さまざまな人格障害のタイプがある。

代表的なものとして境界性人格障害は、アメリカ精神医学会による診断マニュアルのＤＳＭ―Ⅳ[2]によれば、人への評価が極端から極端へと動いて不安定であることや、人に見捨てられまいと普通でないほどの努力をすること、怒りの制御が難しいこと、衝動性をおさえることが難しく、リストカット、むちゃ食いなどの自傷行為や、自殺企図をすることがあること、慢性的な空虚感があり、気分が不安定になることが多いといったことを主症状とする。

また、誰しも自分で自分を好きになる、肯定するという気持ちをもつことは、精神的な健康を得るために重要なことである。しかし、自己愛人格障害では、その限度を超えて実態に基づかないほどに他からの賞賛を求めること、特別扱いが当然と思うこと、こうした賞賛や特別扱いがなされないことに大きな怒りを感じること、自分の成功のために他者を利用しようとすること、共感性が欠如していることといった症状を呈する。

●発達障害

上記の他に、発達障害の可能性を考えておく必要もある。これは「広汎性発達障害（Pervasive Developmental Disorder）」である「自閉症（autism）」をはじめとして、「注意欠陥多動障害（Attention deficit and Hyper active disorder: ADHD）」「学習障害（Learning Disabilities: LD）」などの、現在では特定不能の中枢神経系における損傷が原因となって一般的に期待される発達が乳幼児期から阻害されてしまった結果として起こる損障である。

自閉症の症状のなかで中核的なものは、第一に他者とのやりとりが苦手で、他者の意図や感情を読み取ることが難しいことが挙げられる。自閉症者には「自分が～言うと相手は～のように思う」といったように、人間の心のはたらきについての素朴な概念（「心の理論」と呼ばれる）が欠けているといわれることもある。(3) 自閉症は知的障害を伴うことがあるが、半数は通常か、それ以上の知能をもっている（高機能自閉症）。第二には、通常期待されるよりも言葉の発達が遅かったり、一方的な会話であったり、相手から言われたことをそのままくり返すだけ（おうむ返し）であったりする。第三に特定のもの（一般的には人々が興味をもちそうにないものも含まれる）に興味が偏っていることや、パターンに対するこだわりがある。例えば、学校の時間割り、日課、あるいは部屋のレイアウトなどの変化に順応することが難しく、パニックを起こすこともある。こうした三つ組みの障害が、幼少期よりみられる。日本では、早期発見されないケースもまだまだ多いが、診断は三歳になる頃、前述の条件がみられた場合に可能である。

次にＡＤＨＤは、注意力の障害と多動性・衝動性をもつ症候群である。多動や衝動性が目立つタイプと、多動はそれほどみられず、不注意さが際立つタイプの二種類がある。彼らは、自分の衝動性をコントロールできないために、例えば小学校、中学校で授業中立ち歩いたり、仲間とケンカを始めたりするといった行動をみせる。また、学校での忘れ物が多かったり、身の回りの整頓ができないために大人から注意を受けることが多い。仲間からも「乱暴な子」「怠け」として排斥されることがある。学習障害は、知能が通常程度であるにもかかわらず、国語、数学など、特定の教科が他の教科に比べて著しく苦手である状態にある子どもを指す。単に特定の教科が嫌いというだけではなく、なんらかの認知的な障害が介在しているとされている。いずれにしても、発達障害の子どもは、日本においては早期に発見されることが少ないために、周囲から誤解を受けて不適応に陥るケースが多いのが現状である。

●ダイスケの見立てと治療構造

ダイスケの場合、自ら学校に行けないことに葛藤を感じている様子が感じ取れたし、面接が進むにつれて、自ら変わろうとしていることもわかってきた。また、彼の語ることは著しく現実ばなれしたことではないし、母親や教師から語られる過去の情報にも、発達障害を疑わせるような情報はない。したがって、ダイスケは神経症水準の問題をもつと考えることができる。

表１－２　心理療法の種類***

古典的精神分析療法*	来談者中心療法*	論理療法	システムズ・アプローチ*	内観療法**
対象関係論*	ゲシュタルト・セラピー	行動療法	解決志向短期療法	森田療法**
ユング派心理療法	フォーカシング	認知行動療法*	ナラティブ・セラピー*	

*は本章でとりあげたもの。**は日本独自の心理療法　***縦列は近縁にあるセラピー

もちろん、これはごく簡単な見立てなので、さらに深い見立てについて、自分がとる理論や治療法と関係付けながら考えていく必要がある。一般に心理的援助の形態には（一）カウンセリング、（二）心理療法、（三）コンサルテーションの三つがある。カウンセリングは原則的に神経症水準から健常なクライエントを対象としたものであり、「話してすっきりした」とか「考えがまとまった」といった効果を狙ったものである。これに対して心理療法とは神経症水準から、より病理性の強いクライエントを対象とし、心の深い部分に働きかけるものとされる。両者は日本では同一視される傾向があるが、両者を明確に区別するべきであるという立場もある[4]。

筆者は来談者中心療法や精神分析の考え方に基づきつつ、中学校で心理的援助を行うという特殊性を考慮して、家族療法の考え方も参考にしてダイスケに接してきた。また、コンサルテーションとは、例えば教師や両親などに対して具体的なアドバイスを交えつつ、同等の立場で意見を交換し、問題解決を図るものである。筆者のアプローチには、家族療法的視点も含まれていることから、その意味で、親へのコンサルテーションという性格も備えている。なお、表１―２に示すように、心理療法には、膨大な種類がある。本章で取り上げるのはその一部である。

3　治療法：個人に焦点をあてて

●来談者中心療法

ダイスケの問題は臨床心理学の理論ではどのように理解されるだろうか。まず参考になるのは「来談者中心療法」であり、これはカール・ロジャース（Rogers, C）によって提唱されたカウンセリング・心理療法のひとつである。ロジャースは独自の人間観に基づいた理論を展開した。この技法は、クライエントは、自己と経験とが不一致の状態にあるが、自ら立ち直っていく資質を内在させているという前提に立っている。そして、人格変容のための六条件を提唱している。[5] このなかでも、セラピストが面接中に満たすべき条件は次の三つである。すなわち、第一に「セラピストは、クライエントとの関係において一致しており、統合されている」というものである。これは単にセラピストがクライエントに対して嘘をつくなといったことを意味しているのではない。セラピストが、クライエントに対して抱いている気持ちに正直になれということである。例えば、クライエントがどうしても好きになれないときがある。セラピストはそれを認めるのはとても難しいことである。ここで単に嘘をつかないですまそうと思えば、セラピストがクライエントのことを必死で好きなつもりでいればよい。

しかし、ロジャースの第一の条件とは、このように安易に好きなつもりになることを戒めるものである。むしろ、その逆に、「好きになれない」という感覚を大事にすべきだというわけである。

第二は「セラピストはクライエントに対して無条件の肯定的関心を示す」ということだ。これは例えば不登校の子どもを前にしたセラピストが「学校にちゃんと行ってくれたら」といった条件つきで彼を受け入れるのではなく、たとえどんな状態であってもクライエントのありように関心を寄せるというものである。これは「受容」ともいえる。

第三は「セラピストはクライエントに対して共感的理解をし、かつそれを伝え返す」というものである。これはクライエントの気持ちをまさによく理解するということであり、自分が理解した内容を常にクライエントに伝えて、その内容をクライエントと話しあっていくということを意味する。ただし、「同情」のように相手の同じ気持ちになってしまうことではない。あくまでも客観的な目をもちつつ、相手の気持ちを理解するのである。

このように「受容」と「共感」を基本とした治療態度は、今日では心理療法において基本的な態度として受け入れられている。筆者もこの立場を念頭に置きながらダイスケとの面接を行った。

しかしながら、この立場だけに頼って面接を進めることは、しばしば非常に難しいと指摘される。ロジャースの理論はセラピーとはこのようであるべきだという理念について述べたものであり、具体的にどのようにすればよいのかについては述べられていない。現代では、筆者も含めて多くの臨床心理学者が、彼の態度を守っていくためには、以下で説明するようなさまざまな療法の考え方をもつことが重要になると考えている。

●精神分析の理論（一）：古典的分析

精神分析はジークムント・フロイト（Freud, S）[6]というドイツ人の医師によって創始された。彼は、人間は性的なエネルギーによって活動していると考え、これをリビドーと呼んでいる。彼の業績のなかで最も重要なのは、「無意識」を発見したことである。すなわち、フロイトは人間には自分で把握することのできる意識と、自分では普段把握することのできない「無意識」の二つがあると考えた。例えば、生前あまり快く思っていなった人の葬式に出席して、「御愁傷様です」と言うつもりで思わず「おめでとうございます」と言ってしまったとすると、無意識のなかの、亡くなった人への攻撃的な心が意識の検閲を通り抜けて行動に表れたのだというように解釈することができる。

また、彼は人間の心には三つの部分があり、この三つの諸要素の相互作用によって人間の心の働きが決まると主張した。その三つの要素とはエス、自我、超自我と呼ばれる。「エス」とは、人間が快楽を得るために行動するときのエネルギーである。ところが、社会生活を営む人間は自分の欲求のままに行動することはできない。親をはじめとした他の大人からのしつけや、教育を通して、この世の中で生きていくための倫理やルールを内在化させる。これが「超自我」と呼ばれるものである。「超自我」はエスを監督する役割を果たす。ただし、規則を遵守しようとしすぎれば人間の生活は窮屈になってしまう。規則を守ることは社会生活において不可欠ではあるが、現実の社会においては規則を時には柔軟に適用することが求められる場合もある。「自我」は、エスと超自我の折り合いをつけながら、現実的に対応する機能として働くことになる。

さて、フロイトは上述のような心のメカニズムを想定するのと同時に、それを発達的な見地から明らかにした。フロイトによれば、あらゆる心の問題には性的な願望が関わっているが、年齢ごとにその性的エネルギーが集まる部分は異なる。すなわち、口唇期、肛門期、エディプス期、潜伏期と名付けられた発達段階である。それぞれの時期には解決すべきテーマがあるとされ、その時期に問題の解決に失敗すると、その問題はその時期に固着し、その時期特有の心の問題を引き起こすと考えられている。

上述の発達段階のうちで、ダイスケの状態をうまく説明しているのはエディプス期への固着であるが、以下ではフロイトが設定している発達の段階のいくつかを見てみよう。

最初は口唇期であり、生後間もなくから、二歳頃までの期間を指す。この時期には、口に性的エネルギーが集まると考えられている。フロイトによれば、口唇期にある子どもは、母親の胸に抱かれることで守られ、オッパイによって快感情を与えられることで、母親が不快な経験から自らを守ってくれる存在であるという確信を得ていくとされる。したがって、この時期における母子関係に障害が生じた場合、子どもは自分がいつでも安心して生きていけるという感覚をもちえなくなることになる。もちろん、これは実際に子どもがこのとおりに考えているという理論ではない。これはフロイトが、赤ちゃんがお母さんのオッパイを一生懸命吸っているのを見て、その内的体験は上述のようになっているのではないかと想像したものと考えるのが妥当である。これは以下の各時期における説明においても同様である。

さて、口唇期に続いて起こるのは肛門期であり、二～三歳頃が相当する。フロイトは、この時期には肛門に性的エネルギーが集まると考えていた。この時期になれば、一般的に、子どもはトイレでオシッコ／ウンコができるように、オムツをはずす訓練をする（これをトイレットトレーニングと呼ぶ）。すなわち、これまでのように「お漏らし」してしまうのではなく、オシッコ／ウンコを出したり、ためたりすることを自分の意志でコントロールできることが求められる。このような時期であるところから、肛門期の発達課題は、「出す／ためこむ」ことのコントロールであるとされる。そして、この時期の課題がうまく解決されないと、些細なことにも必要以上にこだわる、完璧を求めて適当にすますことができないといった、まさに「出す／ためこむ」というテーマが象徴的に表れる問題を生み出すとされている。

第三段階としてやってくるのがエディプス期であり、三～六歳時に相当する。この時期の課題となるのは、エディプス・コンプレックスの解決である。エディプス・コンプレックスとは、オイディプス王の神話になぞらえて、フロイトが命名したものである。現実の幼児の発達に目を向けると、この時期には一般的に、それ以前のように母親の愛情を独占し、何をしても許されるということがなくなり、徐々にしつけが厳しくなってくる。精神分析理論では、この時期の子どもの内面の体験を次のようにとらえる。すなわち、子どもは、それまで独占できていた母親からの愛情を父親に奪われるように感じ、父親がいなくなることを望み、母親を自分のものにしたいと願うようになる。

しかし、それは許されない。そこで子どもは「(そんな願望をもっている)自分は、父親から処罰されるのではないか」という不安(去勢不安)を抱くようになる。これがエディプス・コンプレックスである。

このコンプレックスを解消するために、子どもは、男性ならば母親、女性ならば父親をあきらめ、代わりに将来、母親/父親のような異性を手に入れるため、同性の親をそれぞれの男性/女性のモデルとして取り入れるという手段をとる。このことによってエディプス期の課題は解決すると考えられてきた。ただし、この考え方は、女性の発達について十分に説明していないという批判もある。また、これはあくまでも乳幼児の想像上の父親、母親についての理論であり、実際の父親、母親の存在とは必ずしも関係がない。

ダイスケの場合はどうだろうか。思春期に入ると、子どもは身体が急速に成長し、大人への過渡期に入るとされ、「親離れ」が発達上のテーマとなる。この課題に対して、エディプス期の課題が未解決のままである場合、十分に男性性を取り入れていないために、不適応を起こすことになる。例えば、同性のライバルに対してネガティブな感情を体験する、教師、上司とうまく人間関係がとれない、自分の思ったことが主張できないといった問題として表面化するのである。

ダイスケは面接時にもそうだったように、母親と常に一緒に行動したがる少年である。母親とはまるで友だちのように仲よくしゃべり、母子の関係が強く結びついていることがうかがえる。ダイスケの父親は海外との取引を手掛ける営業マンであるから、物理的にダイスケと一緒にいることがほとんどない。また、母親からは、どこか風変わりで、家庭のなかでは、できればいないほうがうまくいく存在として語られてさえいる。エディプス・コンプレックスになぞらえていえば、父親はダイスケに去勢不安を感じさせるというよりも、むしろダイスケに母親をとられそうになっている。したがってダイスケには、力強く困難を突破していく男性像を取り入れる対象がなかったし、その必要がなかったと考えられる。このような現実的に困難を突破していく力は、小学校以前ならそれほど必要とされなかったかもしれないが、中学になり、社会の厳しさを知らされることになったとき、彼にはそれを乗り越えていく際に役立つモデルがなかったと考えられる。

●精神分析の理論（二）：対象関係論

精神分析はフロイト以降、彼の弟子をはじめとした多くの分析家によって継承され、精緻化や改編がなされてきた。それらは対象関係論、自我心理学、自己心理学といった諸流派を形成するに至っている。そのすべてをここで取り上げることができない。ここでは、メラニー・クライン(Klein, M)[7][8]によって始められた「対象関係論」という考え方についてふれておく。

クラインは、生後間もなくの新生児の段階から、その内的な心理メカニズムを仮説的に考えている。彼女は新生児の段階では、人は外界をバラバラでまとまりがなく、断片化されたものとしてとらえているという。また、当然のことながら、それは自分の内的な空想なのか、外的現実なのかという区別はない。しかし、生後三ヶ月頃を迎えると、断片的な対象を次第にまとまってとらえることができるようになる。そして対象を、満足を与えてくれるもの（良い対象）と欲求不満に陥らせるもの（悪い対象）という二つのものとしてとらえる。両者は、たとえ同一のものであっても、乳児にとっては別々のものとしてとらえられる。例えば、母親の乳房から母乳を摂取しているとき、乳房は空腹という不快な感覚を自分のなかから取り去ってくれる良い対象としてとらえられるが、やがて母乳がでなくなって口が苦くなると、その乳房は自分を不快にさせる「悪い対象」としてとらえられるようになるという具合である。

彼女はこのような状態を、妄想—分裂態勢と呼ぶ。妄想—分裂態勢にある乳児は、良い対象を中心にして、認識の中心となる自己を形成すると考えられているのだが、そのために、自己に取り込まれない悪い対象は、すべて自分の外側にあって自分に害を及ぼすものととらえられるようになる（このようにして生じる不安を迫害不安と呼ぶ）。ただし、生後六ヶ月を過ぎる頃になると、乳児は次第に母親との関わりを連続したものとしてとらえられるようになる。この時期に至ると、それまで悪い対象であった乳房と、良い対象であった乳房が、実は同じく母親の乳房であったことに気付くという。そのことに気付いた乳児は、それまで自分が悪い対象であると思って噛み付いたり吐き出したりしたことによって、自分の良い対象である乳房を壊してしまったのではないかと感じ、罪悪感や葛藤といったものをもつに至るという。クラインはこの段階を抑うつ態勢と呼ぶ。

ちなみに生後六ヶ月ともなると、母親はそれまでのように乳児に全神経を集中すること（この状態を「原初的母性的専心」という）がなくなり、次第に乳児の要求に鋭敏に反応することができなくなる。そのことが契機となって乳児は次第に、母親が自分の空想の世界にいるのではなく、自分とは異なる存在であることに気付くようになる。それまで乳児は不快を消しているのは自分自身の一部であると思って万能感をもっているが、この段階に至ってそうではないことを知る。これを「脱錯覚」と呼ぶ。

こうしたクラインの理論は、神経症よりも水準が重いとされる心の障害、すなわち、人格障害や精神病の心理を理解するうえで役に立つとされる。人格障害を例に考えてみよう。一般に人格障害の人々は、対人関係が激しく揺れ動くことが特徴とされる。例えば、あるクライエントは、それまで職場でなんとも思っていなかった上司の何気ない一言を許すことができず、周囲が唖然とするくらい激しく怒りをぶちまけたという。セラピストがその上司に対する感情を聞いても、「面倒見のよい人。その人のことを前から嫌いだったなんてことは絶対にない。自分でもびっくりしている」とくり返すのだった。このクライエントの心は、クラインのいう妄想―分裂姿勢にある。上司は「良い対象」と「悪い対象」に完全に分裂している。治療を続けるなかで、このクライエントが幼少期から父親によって、クライエント自身でも理由がわからないまま暴力をふるわれており、男性に対して不信感を抱いていることが明らかになってきた。上司に対するコントロールできない怒りや、同じ上司に対する全く逆の感情も、こうした意識化されていなかった男性への不信感が関係していると考えられる。そして、当初、このクライエントは上司をひそかに嫌悪していることに罪悪感を感じたり、葛藤を感じることができなかったというように解釈できる。精神分析的な関わりでは、こうした妄想―分裂態勢にあるクライエントの心を、抑うつ態勢にまでひきあげることが目指される。そのために、クライエントの裏腹な気持ちがあることを指摘し、それを抱えていけるように援助することが求められる。

●精神分析の技法：転移と逆転移

精神分析に多くの流派があることは述べたが、このいずれの立場においても、治療を進める際に重要になると考えられているのが、転移（transference）と逆転移（counter-transference）という概念である。転移は治療場面において、クライエントの過去の父親や母親といった重要な他者との関係が、セラピストとのあいだに投影されることを指す。転移には、過去の良い関係が投影される陽性転移と、悪い関係が投影される陰性転移がある。

例えば、ある若いクライエントは、自分の親くらいの年代の男性セラピストに対して、それがとてもごう慢で権威的な態度であるという怒りを表明した。セラピストが通常通りに対応したのにもかかわらず、である。後にこのクライエントは父親とのあいだに非常に葛藤を感じていることが語られるに至った。このクライエントが当初に感じていた怒りは、権威的で、自分のことを理解しようともしなかった父親への怒りの感情が転移されたものと解釈することができる。広義にとれば、治療関係で起こってくるクライエントの行動はすべて転移と考えることができるが、明らかに不適切な行動だけに限られることもある。というのも、すべてを転移と考えることで、明らかに現実的なセラピストへの不満までが、クライエントの問題として解釈されることは、クライエントへの不利益をもたらしやすいからだ。例えば、セッションが三十秒でも短く終わってしまったことに対して不満をもらすクライエントがいるならば、それを彼（女）の問題としてとらえることには意味があるかもしれないが、自分本意に治療をキャンセルしたり、早めに終わったりするセラピストに対して怒りを表明しても、それは現実的な訴えとみなせる。

一方、逆転移とは、転移とは反対に、セラピスト側の未解決の課題が、クライエントとの関係のなかで再現されることである。例えば、あるセラピストは、かつての自分と同じように、過干渉な母親との関係について語るクライエントに、異常に肩入れして聞いてしまうかもしれない。あるいは反対に、途中でそれを聞いていられなくなって眠気を覚えたり、おざなりな返事をしてしまうかもしれない。いずれの場合も、クライエント自身が直面して乗り越えていくべき課題を、セラピストが十分に取り上げることを阻害することにつながっている。これではクライエントの問題解決に役立つことができない。

フロイトは逆転移をあってはならないものと考え、それが起こらないように自分の問題について知っておくことが必須であると考えた。しかし、現在では逆転移が生じることは不可避なことであり、それをなくすことよりも、自分にどんな問題があるのか認識することや、どのような逆転移が生じるのかを認識することで治療に役立てるべきであるとされることが多い。

●認知行動療法

現代の心理療法の展開を考えるうえで、欠かすことができないのは「認知行動療法[9]」である。認知行動療法の源流は、精神分析理論のように一人の創始者にさかのぼれるわけではない。むしろ、複数の介入方法の総称と考えられる。認知行動療法は、クライエントの不適応的な行動が、その不合理な信念や、認知の歪みに由来していると考え、それの修正を試みることを特徴とする。

もっとも、一口に認知といってもその種類はさまざまである。意識的にコントロールできるものもあれば、「私は不幸せだ。誰もわかってくれない」といったように、自動的に生じてしまうようなもの（自動思考）、「他の人に嫌われたら、幸せになれない」といったように、その人の心の深層に位置していて容易に変化しない信念（スキーマ）などが考えられている。筆者は、必ずしも認知行動療法的考えを念頭に置いて、ダイスケに会っていたわけではないが、仮に考えてみると、例えば、第二期においてダイスケが小旅行を成し遂げたとき、評価する私に対してダイスケは「これは、一時的なもの」「お父さんやお母さんが一緒なら頼ってしまう」と語っている。こうした発言からは、ダイスケには「親の助けなしには何もできない」や「自分はダメだ」といった信念があったと考えることもできるだろう。

さて、認知行動療法の介入方法は、これまで紹介してきた種々の療法に比べ、はるかにカッチリと手順が決められている。そのため、熟練セラピストの職人芸的な技に期待しなくても、誰でも、ある程度以上の心理的援助ができるようになっている。また、これまで紹介してきた療法では、セラピストが「待ち」の姿勢をもち、積極的に介入するのではなく、クライエントの能動性を引き出すように動いていた。これに対して、認知行動療法では、セラピストは種々の課題をクライエントに出すことで、積極的にクライエントの変化を引き出そうと試みることが特徴である。

最後に、認知行動療法の特徴として重要なことは、自分たちが行う療法がどれくらい効果をあげているのかを客観性の高いテストを使ったり、誰にもわかりやすい行動上の変化を手掛かりとしたりして、測定してきたということである。そして、より客観的でわかりやすい結果に基づいて、心理療法の効果を見ていこうとする。このようにいうと読者は「そんなこと当たり前じゃないか」と思われるかもしれない。しかし、これまでの治療法が熟練セラピストの勘と経験に頼りすぎてきたのも確かである。認知行動療法はこうした動向を批判して出来上がったという側面がある。認知行動療法がもつ、効果への態度は「実証に基づく（エビデンス・ベイスド）心理療法[10]」、すなわち、効果研究によって、その効果が明確にわかっている治療法を選んで治療を行うという、最新の心理療法の動向と、最も相性がよいといわれている。

4 治療法：集団に焦点をあてて

前節では、個人に焦点を絞った心理療法を主に紹介してきた。ところで、前述のケースで問題とされる行動（不登校、ひきこもり）を起こしていたのは確かにダイスケである。その意味で、ダイスケをクライエントとみなし、彼に対して心理的な援助を試みることは有効かもしれない。しかし、そもそもダイスケの状態に悩み、彼を面接の場面に連れ出してきたのは、担任教師やダイスケの両親である。したがってダイスケの両親や担任教師もまた、「ダイスケの不登校」という問題について筆者のもとに訪れたクライエントと考えることもできる。本節では、問題になる行動を起こしている当人だけではなく、その両親、あるいは人間関係を含めた心理的理解について述べていきたい。そして、さらに問題を起こしている当人を含めた大きな人間関係の枠組みのなかで行われる心理療法的関わりについて述べる。

●家族療法：システム・アプローチ

ダイスケの不登校について本質的なのは、ダイスケの社会性なのか、母親の育て方なのか、それとも父親の態度なのか。子どもの問題は、その親の育て方に責任があるという意見もあるだろう。反対に、ダイスケをただ甘えているだけだとみることもできるかもしれない。どちらの意見にも一理ある。しかし、原因を追求していった結果、過去の育て方が原因だということになったとしても、今さらそれを除去できるわけではない。また、ダイスケが未熟だからといって、彼を責めてもすぐにどうにかなるものではない。いずれにせよ、上述のような問い方は、悪者探しになってしまうばかりで、解決のために有効な手段は生まれないのである。

ではどうしたらよいのだろうか。それに答えてくれるのが、これから紹介する家族療法の考え方である。家族療法といってもさまざまな流派がある。まず、取り上げるのはシステム論的家族療法（システムズ・アプローチ）[11]であり、これは「一般システム理論」という物理学の理論を、理論的背景としてもつ。この理論の特色となっているのは円環的認識論である。これは、例えば不登校といった問題を、子どもの性格や、家族の育て方といったように、何か単一の原因によって引き起こされているという考えを（直線的認識論という）とらない。むしろ、息子、母親、父親、というような家族メンバーがひとつの「システム」を作り上げていると考え、「風が吹けば桶屋が儲かる」という諺にもあるように、原因がなくても、それぞれの成員の行為がめぐりめぐって、大きな問題に発展していくという考え方をすることが特徴である。

　ダイスケの場合について考えてみよう。面接で話題にされた経過を見ると、次のようになる。ダイスケが学校を休み始める↓両親は学校に行かせようと試みる↓ダイスケが嫌がるので、しばらく様子をみることになる↓母親は焦り、なんとかダイスケを外に出そうと映画やコンビニにダイスケを連れていく↓ダイスケの母親への依存心は強まる↓父親がダイスケを学校に連れていこうとする↓ダイスケが嫌がるのを見て、母親は父親を止めようとする↓父親のダイスケへの関与度は低まる↓ダイスケの母親への依存性は強まり、学校から足が遠のく↓母親の焦りは強まり、外に出すためにますますダイスケに干渉するようになる↓ダイスケはますます家で母親に依存するようになる。

　このようにシステムの一部（この場合、ダイスケ）に変化が起こると、それにあわせて家族の他の成員も変化を始める。そしてその時々では問題を除去しようという試みであったにもかかわらず、結果としては、問題を維持する方向で作用してしまうのである。これを「自己制御性の原理」という。この結果は、例えば、ダイスケが発言に困って沈黙すると、母親がすかさず発言することによって面接場面の緊張感が高まるのを和らげるというように面接場面でも見ることができる。

システム論的家族療法では、上述のような自己制御性によって、問題を生成、維持しているシステムに働きかけ、問題を含まないシステムへと変化させることが目標となる。その際、重要になるのが「等結果性の原理」と呼ばれるものである。これは、システムのなかの要素はお互いに影響を及ぼしあっているため、どこに働きかけても、めぐりめぐって同じ結果が得られるという考え方である。この原理に従えば、例えばわれわれにたとえ母親の息子への態度が問題に見えたとしても、そこに働きかける必要はなくなる。最も介入がしやすいところに、働きかければよい。

ダイスケの場合、筆者は父親が参加することは大事だと思っていたが、面接にきていない父親に直接に働きかけるのは難しい。そこで、面接で父親の話題を取り上げたり、朝食を父と一緒にとるように頼むなど、父が積極的に問題の解決に協力しやすい環境をつくることを試みた。次に、母親とダイスケの関係はどうだろうか。面接中の会話の様子から、母親はダイスケの頼りなさを見て、思わず手を出してしまうのではないかと考えられる。ダイスケのほうは、母親からやってもらうことに慣れているので、母親に依存し、自分一人では何もできないというような低い自己評価をもっていると考えられる。そこで、母親には心配になっても見守ってもらえるように、面接中はできるだけダイスケの自己決定を促すような会話を心掛けた。面接の内容を決めさせることや、一週間の間にあった出来事を報告してもらう際、言葉に詰まると母親の方を向いて助け船を求めるダイスケに対して、「ダイスケ君に聞いているんだよ」と話しかけることなどである。

また、ダイスケのわずかな「できる」ことでも取り上げて評価することで、ダイスケのなかにある頼もしさ、たくましさを自覚してもらうようにした。話を聞いていくと、ダイスケはいつでも昼まで寝ているわけではなく、母親が不在のときには、父のために早朝から起床して御飯の用意をしてくれていることがわかった。また、冬休み中のコンサートへの旅行では、ダイスケが他の友たちを先導したことも語られた。このような情報は、些細なことであるために、母親にもダイスケにもあまり意識されていないものである。面接で取り上げ、肯定的に評価することで、母親はダイスケのたくましさ、頼もしさを認識できるようになり、ダイスケは自分の力を再発見して、自己評価を上げることにつながると予測した。

このような方針で関わり続けたところ、ダイスケは、例えば英語検定を受けることを決めたり、コンサート旅行を再び計画したりと、自分で考えて行動することが増えてきた。そこで母親も次第にダイスケのよいところに目が向くようになってきた。一週間の出来事を報告する際にも、以前は「ずっと寝ています」だったのが、「不在のときは手伝ってくれます」というように変わってきた。また、これまで存在感のなかった父親が話題に多く登場するようになり、ダイスケとの関わりも増えてきた。母親から語られる父親像も、以前の「困った人」という語り方から、自分たちを支えてくれている人物というように修正されてきた。

家族がシステムであることを実感させてくれるのは、姉の存在である。筆者も姉の登場は予想できなかった。姉は母親の甘い態度に批判的で、ダイスケの問題に対してなんとかしようという意識をもっていた。いわば、一家で一番危機意識をもっていたわけである。ダイスケに甘い母親が連れていく先である筆者のところは、姉にしてみれば、ダイスケを一緒になって甘やかしている場所として映ったのかもしれない。そこで、学校が休みになったとき、姉は筆者の品定めをしにきたのではないかと考えられる。結果は、なんとか合格だったと考えることができるかもしれない。

●ナラティブ・セラピー

システムズ・アプローチの考え方を受け継ぎながら、現代的に発展させてできたのがナラティブ・セラピーである。一般に「会話モデル」と呼ばれる立場[12]と、ホワイト派と呼びうる立場[13]とがある。ナラティブ・セラピーは一見すると、クライエント個人を対象にしているようだが、実際には、家族や、その人を取り巻く集団をとても重視している。現代、最も革新的な心理療法の理論とされる。

それぞれの立場に共通するのは、(一)クライエントを人生の専門家としてとらえ、人々の疾患や障害にではなく人生の意味を探ることに主眼を置く、(二)人々は自らの問題を軽減するための多くの能力をもっているとみなし、セラピストはクライエントに対して一方的に治療を施すのではなく、彼らと共働的(コラボレイティブ)に人生の物語の書き換えに関わる、(三)クライエントの問題を構成する社会、文化、歴史的な文脈に自覚的になることである。[14] いずれにしろ、従来の家族療法が、問題を「外側」から見ていたのに対して、ナラティヴ・セラピーは、問題を、人々が各々に意味付ける人生の物語のなかにあると考え、問題を「内側」から見る点で異なる。

まず、会話モデルを特徴付けるのは、「無知のスタンス」と呼ばれる専門家の態度である。これは従来の精神医療の考え方とは正反対である。というのも、これまでの治療法では、セラピストはクライエントの抱える問題についての真実を知っているとされていた。もちろん、ナラティヴ・セラピーにおいても専門的な知識はもっている。しかし、それはクライエントの考えに比べて優れていたり、優先されるべきだとは考えない。

例えば、うつ病のために自殺の危険性があるクライエントがいたとする。従来の考え方に立てば、入院して管理することが望ましい。もちろん、死のリスクが高い状況でなら入院させることが望ましいかもしれない。しかし、少し症状が安定している場合ならどうだろうか。

ナラティヴ・セラピーは、クライエントを人生の専門家であるととらえ、結局のところその人の人生を決めるのはその人自身であるというスタンスをとる。したがって、「入院すれば安全である」という見解はあくまでもセラピストの意見であり、「なんとか家で暮らしたい」というクライエントの要求とのすりあわせを目指そうとする。これは、先の認知行動療法でふれたエビデンス・ベイストの考え方にも一石を投じるものといえる。効果が確かめられているからといって、それが本人の送りたい人生にとって、最もよい選択ではないかもしれないからだ。

次はホワイト派の立場である。このアプローチは、具体的な技法がセットになっている点で「会話モデル」とは異なる。具体的技法とは、「問題の外在化」「問題の歴史をたどる」「問題の影響を明らかにする」「問題を脱構築する」「ユニークな結果の発見」「オルタナティブストーリーを分厚くする」といったプロセスを経て実践される。こうした技法を実践するうえで必要なのは「問題が問題であり、クライエントやその人間関係が問題ではない」というスタンスをもつことである。

「問題の外在化」は、単なる技法を超えて、このスタンスを体現するための方法ということができる。ここでは問題をその人自身から引き離すことが行われる。具体的には、例えば「私が心配性です」という代わりに、「心配性は私が新しく何かにチャレンジすることを邪魔する」といったように言い換えるといった手段をとる。このようにして外在化されることによって、セラピストもクライエントも対等な立場で問題について話すことができる。すなわち、問題がいつ頃から始まり（「歴史をたどる」）、どのような影響をその人の人生に及ぼしてきたのか（「影響を明らかにする」）について話し合うことができる。そして、本来はその人の問題としてみなされなくてもよかったはずの問題が、どのようにしてその人の問題とされてきたのか、何が彼をそのように見せるために役立っているのかというように、問題を相対化することができる（問題の脱構築）。

問題が相対化された後、セラピストはクライエントが問題の影響から逃れている部分を発見しようとする。すなわち、例えば「私は心配性」という人が、心配性にならないでうまくやれている瞬間を発見しようとするのである。通常、どのようなクライエントにでも、このような問題の影響から離れた瞬間がある。しかしながら、それは「例外」として片付けられ忘れられていく。ホワイトのアプローチでは、このような例外的な出来事を「ユニークな結果」と呼び、これこそがクライエントが新しい人生物語を紡いでいくための足掛かりになると考えるのだ。

ただし、新しくできた人生物語は当初とても弱いので、クライエントは容易にもとの物語に引き戻される危険性がある。そこで、クライエントの変化を認めてくれる聴衆を集めたり、詳しく質問していくことを通して、新しい人生物語を確固たるものにしていくことが最終ステップとなる。

ダイスケは、当初、周囲から「頼りない」子どもとしてとらえられていた。ここで問題を外在化するなら、ダイスケは「眠さ」や「何もすることがないという気持ち」によって昼に起きていることを妨げられていると言い換えられる。また、何がこのような問題を維持しているかと考えてみると、母親や姉のやや過保護な対応が、ダイスケの自分が何かをしようと決め、実行するという経験の機会を奪っているというように考えることもできる。

筆者が注目した、週に一回は朝早くに起きて父親の朝食の世話ができることは、その意味で、ダイスケの起こした「ユニークな結果」とみなすことができる。これを足掛かりとして、ダイスケの人生物語は「やればできる」人物としてのそれへと書き換えられたとみることができるかもしれない。

人生物語が書き変わってくると、ダイスケは自発的にやれることが多くなってくる。また、周囲の人々も、それを偶然なことととして見過ごすのではなく、新たな人生物語への聴衆となることができてきた。第三期において、ダイスケの母親が週に一回起きられることに注目し、ダイスケの日常を報告し始めたことや、面接室を訪れた姉がダイスケの雄弁に語る様子を目撃して驚いたように、ダイスケの起こすユニークな結果は母親や姉によってみてとられ、「やればできる子」としての人生物語を確かなものにしたのである。

5　まとめ

以上、ダイスケの事例に沿って、病理や治療法について説明してきた。最後に、こうした理論の用法に関して注意すべき点を挙げてみたい。まず、ここで紹介された理論は、あくまでも困難な状況にある人々を援助するための理論であって、ダイスケが不登校になった理由を説明している理論ではない。表1―1に示したダイスケの変化などを見ると、あたかもセラピストである筆者の介入によって、ダイスケの変化が導かれたように読めるかもしれない。しかし、これはあくまでも筆者を通してみたダイスケの変化であって、ダイスケやダイスケの母親にしてみれば、また別のストーリーが描けるかもしれない。さらに重要なこととして、彼らの変化には、ダイスケやその家族がもっている、自分たちの問題に立ち向かっていく力が最も必要であり、不可欠である。セラピストにできるのは、頑張る彼らの背中を少し押すことくらいなものである。

また、臨床心理学の理論や概念は、決して、誰にでも当てはまる法則ではないしハウツーでもない。したがって誰がやっても同じ結果が得られるわけではない。筆者以外の人物が、ダイスケと会っていたら、展開は異なったかもしれない。

また、ここで紹介した理論についても、どの理論が正しく、どれが間違っているとは一概にいえない。一人一人のクライエントの問題によって適した理論は変わってくるし、それぞれのセラピストの適性によっても理論の有効性は変わってくる。

そもそも、不登校＝心の問題というわけではないだろう。不登校という現象の背後に、学校内で起こるいじめや、子どもが魅力を感じない学校を生んでいる社会の問題が影を落としている。ダイスケや、両親の心の問題以外にも、社会には改善すべき課題が多く残されているのだ。

だから不登校という問題に限らず、子どもや親への心理治療を行えば、問題は解決されたと考える風潮は、筆者には非常に安易な態度に思える。筆者は臨床心理学の理論は、現実に困っている人々の役に立つことができると信じているし、専門的な訓練を受けた人物が必要だと感じている。しかし、同じ臨床心理学者のなかでさえ、必ずしもカウンセラーは必要ないという主張があることを忘れてはならないだろう。[15]

引用文献

（1）笠原嘉　一九九八　『精神病』　岩波書店。

（2）アメリカ精神医学会　一九九六　（高橋三郎・大野裕・染谷俊幸　訳）『精神疾患の診断・統計マニュアル

（第Ⅳ版）』 医学書院。

（3） バロンコーエン・S、タジャー・フラスバーグ・H、コーエン・D 一九九八 （田原俊司 訳）『心の理論 自閉症の視点から 上・下』 八千代出版。

（4） 國分康孝 一九九六 『カウンセリングの原理』 誠信書房。

（5） Rogers, C., 1958: The neccessary and sufficient conditions of therapeutic personality change. Journal of Consulting Psychology, 21, 95-103.

（6） フロイト・S 一九七七（高橋義孝、下坂幸三 訳）『精神分析入門 上・下』 新潮文庫。

（7） クライン・M 一九八五 分裂的機制についての覚書（小此木啓吾・岩崎徹也 責任監修）『メラニー・クライン著作集四 妄想的・分裂的世界』 誠信書房。

（8） クライン・M 一九八五 不安と罪悪感の理論について（小此木啓吾・岩崎徹也 責任監修）『メラニー・クライン著作集四 妄想的・分裂的世界』 誠信書房。

（9） ドライデン・A&レンショー・R 一九九六（丹野義彦 監訳）『認知臨床心理学：認知行動アプローチの実践的理解のために』 東京大学出版会。

（10） 丹野義彦 二〇〇一 『エビデンス臨床心理学 認知行動理論の最前線』 日本評論社。

（11） 東 豊 一九九三 『セラピスト入門 システムズアプローチへの招待』 日本評論社。

（12） アンダーソン・H 一九九六（野村直樹・青木義子・吉川悟 訳）『会話・言語・そして可能性 コラボレイティブとは？ セラピーとは？』 金剛出版。

（13） ホワイト・M&エプストン・D 一九九〇（小森康永 訳）『物語としての家族』 金剛出版。

（14） 小森康永・野村直樹 二〇〇一 ナラティブ・セラピーに向けて 『現代のエスプリ四三三 ナラティブ・セラピー』 至文堂 五―一二頁。

（15） 小沢牧子 二〇〇二 『心の専門家はいらない』 洋泉社。

第2章　関係のなかにみる発達心理学
——乳幼児期を中心に——

岡本依子

1　はじめに

夫が、二歳十ヶ月の息子をトイレに誘っている。息子は、トイレット・トレーニングの真っ最中で、今日も、おむつではなくパンツをはいている。だから、時々声をかけてトイレに連れて行くのである。遊んでいた息子に、夫が「シュント、トイレ、行こう」と声をかけた。ところが、息子はちらりと夫を見ただけで、口をとんがらかして、「やだよぉ」と言い捨てた。「トイレ、行くんだよ！」と夫。それでも、「や〜だよぉ」とそっぽを向く息子。息子は、ケタケタ笑っていて、夫を試しているようである。夫は、「トイレ行かないと、お出かけしないぞ」と少し怖い声を出してみせる。息子は、やっと叱られていると感じたらしく、しぶしぶ夫に従ってトイレへ行った。

ところが、夫と息子の攻防は、これで終わらなかった。第二ラウンドは、便座に座っておしっこをしたあとだった。夫が「ジャーして（水を流して）、おてて、洗って」と声をかける。ところが、息子は、便座に座ったままで、またも知らん顔しているらしい。「おしっこ、出たでしょ？　ジャーして」と再度促す夫。ところが息子は、こともあろうに「出なかった！」と言い放った。「出たでしょ？」と少しいらいらした声の夫。「出なかった！」「おしっこ、出てたよ！」「出たでしょ！　お父さん、見てたよ！」「出なかった！」息子も負けじと声を大きくする。「出たでしょ？」「出なかった！」「出なかった！」と言い張る息子。私は部屋にいて、このやりとりの声だけ聞いていたのだが、トイレまでのぞきには行かなくても、息子の頑固に意地を張った表情と、夫のいらいらした表情が目に浮かぶようで、（夫には同情しつつも）くすくす笑いがこみ上げてくるのだった。

ところで、息子は、どうしてトイレをいやがったか。ひとつには、遊びを中断されて、納得がいかなかったということがあるだろう。誰だって、遊んでいる途中で、トイレへ行くのは面倒なものである。だから、いやがったと考えることもできる。しかし、子どもを育てたことのある人や、ほんの少しでも発達心理学や保育学に触れたことのある人は、息子のもうすぐ三歳という年齢を見て、これは第一次反抗期だなと思うかもしれない。第一次反抗期とは、通常二歳から三歳頃の、親や大人への反抗が顕著に見られる時期をいう。これは、自我の発達に伴う衝動的な自己主張といわれているが、実際、何に対しても、むやみにイヤイヤを言うという、かなりやっかいな時期である。

発達心理学では、ある人に起こっている現象を、その人の人生全体という時間のなかのどの時期に起こったことかという視点をもって理解しようとする。それゆえ、たとえば、遊びを中断されたからトイレをいやがった、という場合にも、これを発達心理学的に捉えようとするなら、次のようになるだろう。今までは、おむつだったため、遊びの途中でトイレに行くよう言われることがあまりなかった。また、加齢に伴い遊びへの集中力も増しており、それを中断させられることで、情緒的に混乱した。一方、混乱した情緒を自分で調整するのは、まだうまくない（これからうまくなることだろうが……）。それで、反抗した。という具合である。過去の経験の積み重ねのうえに現在があり、その現在は未来へと通じているという前提に立った解釈である。このように、時間という視点が入っていることが、発達心理学という領域の必要条件といえるだろう。

2　発達とは

さて、ここまで、「発達」ということばを何度か使ってきたが、人は、いつからいつまで発達するのだろうか。発達として捉えられる時期の範囲はどのくらいだろう。

生まれて間もない赤ちゃんは、一日の大半を眠って過ごしているが、発達しているといえるのだろうか。仲間とつるんで憎まれ口ばかりきく小学生も、発達しているといえるだろうか。エッチなことが頭から離れない思春期の青少年たちは、どうだろう。徹夜仕事が身にこたえるようになってきたおじさん、おばさんは、発達しているだろうか。仕事を退職し、やることがなくなり、毎日ぼーっと過ごす初老のおじいさんはどうだろう。末期ガンを宣告され死にゆく老人は、発達しているといえるだろうか。

発達というと、どうしても「できなかったことができるようになる」という一方向的かつ上昇的なイメージがあり、生まれてから成人するまでの時期と捉えられがちである。しかし、一九七〇年代以降、発達観が大きく変化し、受精してから死に至る全過程を、発達として捉えようとする動きが出てきた。つまり、赤ちゃん、子どもや青年だけでなく、母体内の胎児や、中年期のおじさん、おばさん、老年期のお年寄りも発達していると捉える。

そもそも、「できるようになること」と「できなくなること」は、表裏一体で生じることが少なくない。たとえば、赤ちゃんは、一歳くらいになると歩行が「できるようになる」。しかし、その背後で、あんなに素早く移動することができたハイハイは、下手になる。手の指と同じように足の指しゃぶりも、器用にこなしていたものができなくなる。大人は、自分と同じようなことをする場合（歩行や発話など）には、それを「できるようになる」というが、自分がしないこと（ハイハイや足の指しゃぶり）ができなくなっていくことについて、「しなくなる」と思いがちである。一方で、生まれて間もない赤ちゃんは、耳にするあらゆる音素（話しことばの音の最小単位）の弁別が可能だが、特定の言語にしか接しないという環境のなかで、生後八ヶ月を過ぎた頃から、母国語にない音素の弁別ができなくなってくる。(1)たとえば、日本語環境に生まれた赤ちゃんでも生まれたばかりの頃は、/r/と/l/を聞き分けることができていたものが、日本語のなかで育つうちに、/r/と/l/の違いが聞き分けられなくなる。私たちおとなが英語を聞いて、これらの音が聞き分けられないのはこのためである。そして、この「できなくなる」過程は、赤ちゃんの母国語を学習する準備として捉えられている。ある機能が発達しているように見えることは、別の機能が衰退している可能性を持つ。お年寄りの身体機能が衰退する場合にも、別の機能が発達している可能性がある。高齢者の研究には、たとえば、高齢者の食事介助のプロセスには、介助されるお年寄りが、自身の食事行為を他者の介助と調和させ構成しているということもある(2)。

そのように考えると、発達の向かう方向を一方向と捉えることも、上昇・下降を決めてかかることも困難となるだろう。もともと、発達(development)ということばには、展開という意味もある。近年の発達心理学では、発達を、一生涯にわたって繰り返される展開の過程と捉える生涯発達的な視点が大前提となっている。

息子の反抗期も、親の言うことに従うことが「できなくなってきた」と捉えることもできるし、自我が発達して、親に反抗「できる」ようになってきたと捉えることもできる。また、今さら、発達しようがないと思える三〇半ばの夫も、息子の理不尽な反抗の仕方に、やや本気で怒っているはいるが、これでも、初めて親になったときから比べれば、それなりに親として熟達しているのである。ある程度、怒りつつも、おだてたりすかしたりしながら、何とか息子に手を洗わせていた。本章においても、生涯を通した脱価値的な変化を発達と捉えることにする。

3　発達の場所

生まれたての赤ちゃんは、ふにゃふにゃで、寝てばかりいて、起きているときも目が見えているのかどうか判然とせず、手足の動きもビクンビクンとぎこちない。初めて赤ちゃんを産んだ母親のなかには、赤ちゃんがあまり静かに眠っていると、本当に生きているのか心配になってきて、夜中に何度も赤ちゃんが呼吸しているかどうかを確かめたと語る人が少なくない。一方で、赤ちゃんの手のひらに自分の人差し指をそっと添えると、赤ちゃんがぎゅっと握り返してくるが、そのときの赤ちゃんとは思えないほどの力強い握力に驚き、赤ちゃんの生命力に触れた気がした、と語る母親も多い。

母親や身近なおとなにとって、赤ちゃんは、無力で弱々しく、はかない存在として感じられることもあれば、可能性に満ちあふれ、たくましく力強い存在として感じられることもある。赤ちゃんの無力で未熟な面を捉えて、人は生理的早産で生まれるとする説がある。ほ乳類や鳥類の妊娠期間と出生時の自立の程度、脳の大きさなどを比較すると、高等ほ乳類ほど、妊娠期間が長く、その分成熟した状態で子が生まれてくる。たとえば、馬などは、生まれて数分から数時間で自立歩行する。ところが、人の赤ちゃんは歩行もできず未熟な状態で生まれてくる。人の脳の大きさからすると、あと一年長く妊娠期間が必要だったという説である。人は、進化の過程で二足歩行を獲得した代わりに、母胎が長い妊娠期間に耐えられなくなったためと考えられており、生理的に早産した一年間を子宮外胎児期という(3)。

一方で、赤ちゃんの有能さも明らかになってきている。とくに、感覚器官は十分発達してから誕生を迎える。また、学習能力もあり、胎児や新生児であってもさまざまな学習が可能であることがわかってきている。つまり、赤ちゃんは、未熟で有能なのである。

未熟ゆえに、赤ちゃんは誰かに世話されなければ、生き続けることはできないだろう。誕生後、必ず人の世話・保護が必要となる。一方、赤ちゃんの有能さは、赤ちゃんが刺激を取り入れる機能に関わるものばかりである。そして、赤ちゃんが受ける刺激は、抱っこによる皮膚への刺激や、話しかけによる耳への刺激など、人が作り出すものである。つまり、赤ちゃんの有能さは、人のなかで発揮されるのである。つまり、赤ちゃんは、人のなかに生まれ落ち、人のなかで育つようにできているのである。

4　関係性のライフコース

●胎児期

人は、受精してから約三八週間[注1]の妊娠期間を経て、誕生する。この九ヶ月ほどの間に、わずか〇・一ミリくらいだった受精卵が、誕生時には、身長約五〇センチ、体重約三キロにまで成長する。

（ニコル・テイラー（文），レナルト・ニルソンほか（写真）『赤ちゃんの誕生』双子の写真）

図2—1　胎児の指しゃぶり

たったひと粒の細胞である受精卵が、細胞分裂を繰り返し、さらに細胞を分化させ、生物体として基本的な構造を形成し、徐々に人間らしい形となってくる。その間、胎児は、子宮の中で羊水に浮かんで、ただ眠っているわけではない。胎児は、身体を発達させながら、動きも発達させる。最初に胎児の動きとして観察されるのは、受精して三週頃（妊娠五週齢頃）の心臓の鼓動である。[4] そして、受精後五週（妊娠七週）頃から胎芽（のちの胎児）のうごめくような蠕動《ぜんどう》運動が始まり、週齢を増すごとに、頭や、軀幹部、手足などが連続して動くようになる。さらに、体の位置や向きなどを同時に変化させることもできるようになる。[5] 受精後一五週（妊娠一七週）の時点で、伸展運動や向きを変える運動など一五の運動パターンが観察されたという報告もある[6]（表2—1参照）。たとえば、この時期の胎児は、横隔膜を運動させ、開いた口から羊水を含んだり吐き出したりして、呼吸に似た運動が観察された。また、飲んだ羊水の一部は、消化器官を経由して、尿としてまた羊水に排泄される。自分が身を置く羊水におしっこをするというのは、なんとも不潔に感じ

表2—1　胎児の運動パターンの発達(4)

週	
7	**わずかに確認できる運動**—七週から八・五週にかけて、小さな、ゆっくりと移動する胎児の全体が見える。胎児が小さいこと（二㎝ぐらい）と走査装置の解像度の制限から詳しい分析ができない。
8	**驚き（スタートル）**—素早い全身的な運動で一秒ぐらい続く。常に四肢において始まり、頸や胴にまで広がることもある。
8	**全身的な動き**—全身の動きがみられるが、身体の部位の特有な動きや連続した動きは観察されない。これらの運動は、胎児が位置を変えることの原因となる。動きは、それらしく優雅である。
9	**しゃっくり**—けいれん性の収縮と突然の横隔膜の移動。一秒ぐらい続き、次々と続いて起こる。
9	**独立した腕、脚の動き**—他の身体部位の動きが含まれずに四肢の回転に伴って、急速、あるいはゆっくりとした伸展と屈曲がみられる。
9—10	**後方への屈曲、前方への屈曲、頭部の回転**—頭がゆっくりと後ろに移動する。しばしば顎が開き、舌の動きがみられる。あるいは、頭部が片側から別の側へ正中線を中心にして回転する。頭部を前方に動かすと、手と口が接触し、吸てつが観察される。
10	**呼吸運動**—胎児の呼吸運動は空気の吸引には関係しない。横隔膜と胸部と腹部の規則的なパターンの運動がみられ、顎を開くことと結びついて羊水を飲み込むこともある。
10	**手と顔の接触**—手がゆっくりと顔に触れる。指を頻繁に伸ばしたり、曲げたりする。
10	**胎児の回転**—胎児は、胴と頭を入れ替える回転（とんぼ返りのような運動）あるいは、脚を交互に足踏みのように動かし、腰を中心に回転することによって、急に位置を変化することができる。
10—11	**伸びとあくび**—腕を持ちあげ、回転させ顎を大きく開けていてそのあと、すぐに口を閉じる。種に特有なあくびのパターンに非常によく似ている。
12	**指の動き**—それぞれの指が個別に動く
14	**手の回転**—指の運動とは別に、手首から手が動く
16	**全体的な伸長**—足や頭で子宮壁を突く。
18	**眼の動き**—子宮の中には十分な光がないので、胎児は何も見えないけれども、十分にコントロールされた内発的に生じる側方への眼の走査が観察される。
24	**親指の吸てつ**—手を口に運び、顎の反復的な動きが観察される。

てしまうが、心配はない。胎児に必要な栄養が胎盤を経由して母親から運ばれるように、胎児の排泄物も胎盤を経由して母親に返されるので、胎児のおしっこで羊水が濁ってしまうことはない[7]。さらに、妊娠後期には、胎児が親指を口に運び、顎を反復的に動かす運動——指しゃぶりも観察されている[8]（図2—1参照）。

ところで、なぜ胎児は、空気のないところで呼吸をしたり、老廃物の排出に関係なくおしっこをしたり、指しゃぶりをするのだろうか。これらの動きは、さまざまな器官の試運転と考えられている[8]。羊水に満たされた子宮の外へ出ることは、劇的に異なる環境への移行である。子宮の外の世界へ出ると、自分一人で呼吸をしなくてはいけない。子宮内では、母親が栄養分を運び、老廃物を引き取ってくれたが、子宮の外では、自分で消化・吸収し、自分で排泄しなくてはいけない。指しゃぶりするときの口の吸う運動を吸てつというが、これは乳を吸うために大事な動きである。このように、胎児は、子宮の中で、着々と外の世界に生まれ、そこに生きるための準備をしているのである。

一方、胎児が動くことは、子宮の外の世界で胎児を待つ母親や父親にとってどのような意味があるのだろうか。今ここで、便宜上、〝母親〟〝父親〟ということばを使ったが、女性は、妊娠をすれば、自動的に自分のことを母親と思えるようになり、男性は、妻が妊娠したと言えばそれだけで、父親の自覚に目覚めるのだろうか。とくに、女性については、妊娠して子どもを出産すれば、母性本能が目覚め、適切な母親行動ができるようになると信じられてきた。これを母性神話とよぶが、神話とよんでいることからもわかるように、現在では、母性という本能はないという考えが主流である。特定の解発刺激によって自動的に決まった行動が生じるような本能としての母性は、人には認められず、また、母性といわれるような、子どもへの養護性は女性だけのものではなかったのである。仮に、母性が本能であったとすれば、社会問題になるほど児童虐待が起こるはずがないのである。女性男性を問わず、子どもを慈しみ、養護しようとする気持ちは、発達し、形成されるものである。最近では、女性限定という連想を避けるため、母性を親性と言い直す傾向も強まっている。[9]

ただ、母性本能がないというのは簡単であるが、どうして母性（親性）が本能にみえたか。言い換えるなら、親性が、本能に見えるくらい自然なプロセスを経て、発達し、形成されるのか。本章各所で述べるが、赤ちゃんには人が世話をしたくなるような特徴がある。親性の発達は、子どもを持つ以前の経験も関係するが、赤ちゃん自身がおとなの親性を発達させているようにみえることも少なからずある。胎児が動くこともそのひとつである。

胎児は、母親のおなかを内側から足で蹴ったり、おしりを押しつけたり、手を伸ばしたりする。妊娠初期には、母親にも気づけなかった胎児の動きは、胎児が大きくなり、動きが活発になってくると、だんだんと母親にわかるようになる。個人差はあるが、胎動の感じ始めは、妊娠一六〜二〇週（受精後一四〜一八週）といわれている。感じ始めの胎動は、非常に弱く小さな感触で、母胎が静かにしているときでないと、気づかないことの方が多いくらいである。ある母親は、「もしかしてそうかしらと疑う程度の弱い小さな感触。虫とか、腸が一瞬ピクッと動いたような……（一六週）」

と初めて感じた胎動について語っている。初めのうち、弱々しかった胎動は、徐々に力強いものへと変化する。母親が、「イタタタタ……」とおなかをさするくらい、強い胎動を感じることもある。また、タイミングよく、おなかに手を触れていれば、父親だって胎動を感じることができるくらい、大きく動くようになる。そして、胎動を感じた母親は、おなかに手を当ててさすったり、軽く押し返したり、また、胎児に何か話しかけたりすることもある。また、胎動は、母親の意図とは関わりなく生じる。つまり、勝手に動く。胎児は、動くことによって、自身のまだ見えぬ存在をアピールしているのかもしれない。子どもという存在を実感し、胎動を相手にやりとりの練習をすることは、親性を発達させるだろう。胎動によって、母性的行動が誘発されるという研究[10][11]や、胎動を初めて感じた後に、母親の子どもへの愛着が急激に増大するという研究[12]もある。胎児は、動くことによって、生まれた後の関係を作り始めていると言えるかもしれない。

さらに、母親のおなかへの働きかけは、胎児にとって全く無意味というわけではない（だからといって、たとえば胎教の効果について、過剰に解釈することは危険であるが）。胎児の感覚機能の発達については以下のようなことがわかってきている。

まず、視覚については、光刺激に対する反応は、受精後二四週頃から認められている[5]。聴覚については、早くから発達しており、受精後二〇週頃にはその機能が完成し、二四〜二五週になると、音刺激に対する反応がみられるようになる[13]。触覚については、胎児が指しゃぶりをすること（唇に触れた感覚があるから、吸てつ反応が起こるという考えより）や、早産で生まれた赤ちゃんの全身を髪の毛で触れると反応を示すことから、胎児期より触覚が発達していることが推測されている。また、味覚や嗅覚についても、産後すぐの新生児の研究で反応が認められていることから、胎児期においてすでに発達していることが推測されている。

●新生児期・乳児期

赤ちゃんにとって、誕生は、子宮から外の世界への環境移行であり、これほど大きな変化はないといえる。それまで、身体に必要な酸素は、胎盤を通して母親より提供されていたので、肺は空っぽでへしゃげていた。誕生時の産声は、赤ちゃんが肺呼吸を開始したことを意味する。血液循環についても、誕生前には、肺にはほとんど循環せず、酸素を受け取るために胎盤を中心に循環していたが、誕生後は、肺での呼吸開始に伴って、胎盤を避け、肺を中心にした血液の流れへと変化する。血管のある部分では、誕生前後で血液が逆流するところもある。栄養についても、母胎から胎盤経由で受け取るのではなく、口経摂取した食物を消化吸収して得るほかなくなる。さらに、栄養を摂取すれば、老廃物を身体の外へ排出する必要も生じる。子宮の中にいるときには、栄養摂取も老廃物の排出も胎盤経由で母胎に頼ってなされていたため、消化器系はほとんど機能していなかった。ところが、誕生を機に、これらの器官を活動させることになる。生後一定期間、固形物ではなく、消化吸収のよい乳が与えられることや、離乳食を経て固形食へ移行することは、消化器系の器官を徐々に慣らすためと考えると納得できるだろう。

このような大きな環境の変化を経験する生後しばらくの時期を新生児期という。新生児期の期間については、立場によってさまざまであるが、心理学では生後四週間とする場合が多い。医学的には、生後二週間とする場合もある。さらに、新生児期に続き、一歳から一歳半くらいまでの時期を乳児期という。新生児期・乳児期は、先に紹介した生理的早産による子宮外胎児期にあたる。確かに、人の赤ちゃんは、おとなの保護・養育なしには生きていけない。この時期の人の赤ちゃんの未成熟さに焦点化すると、早産と捉えることも理解できる。では、赤ちゃんは、ただ受け身に保護・養育を待っているだけだろうか。実は、近年、測定法が開発され、生後間もない赤ちゃんの能力が明らかにされ、「無力な赤ちゃん」というイメージが変化しつつある。

(1) 新生児反射

反射とは、特定の刺激に対して、意思とは無関係に自動的に生じる反応である。生まれたばかりの赤ちゃんに特有の反射を、新生児反射あるいは原始反射という。新生児反射の主なものとして、頬や口元に何か触れると、口を開き、それを含もうとするかのように、顔を向ける口唇探索反射、口唇やその周囲に何かが触れるとそれを舌や口唇で吸う吸てつ反射、手のひらをなでると、しっかり手を握る把握反射、衝撃や音など急激な刺激に対して、両腕を広げ、次に抱きつくようにするモロー反射などがある。これらの反射は、生後間もない時期に劇的に環境が変化することに適応するためと考えられており、反射の多くは、生後数週間から数ヶ月で消失していく。たとえば、口唇探

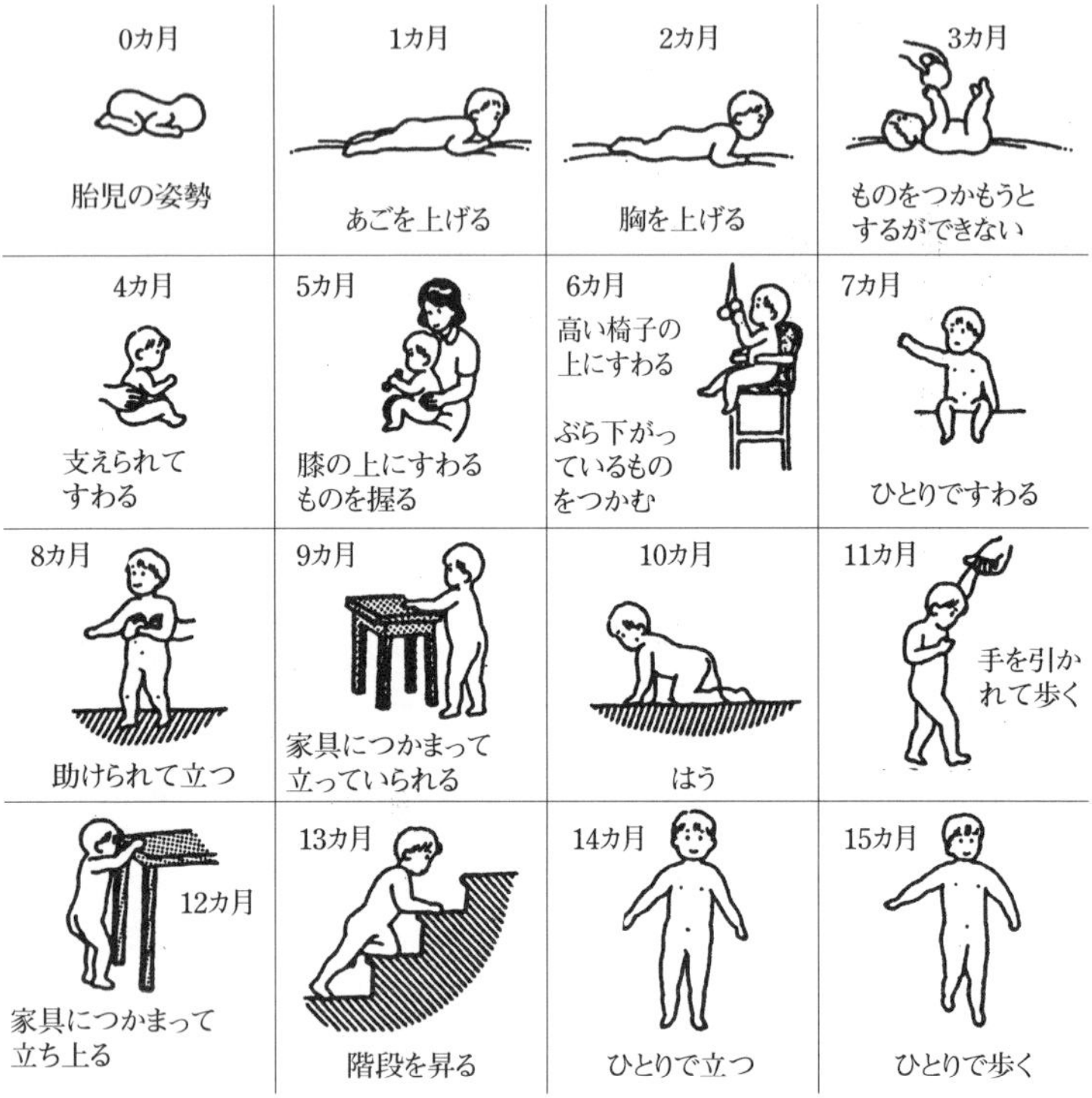

図 2 — 2　乳児期における運動発達[14]

索反射や吸てつ反射は、赤ちゃんの口元に乳首が接近したときに、それを口へ含み吸てつするためのものである。したがって、母乳の分泌が確立していない産後すぐの時期、乳がまだ出ない母親の乳首であっても、赤ちゃんは力強く吸い続ける。吸てつは反射で生じるため、乳が出る出ないに関わりなく吸うのである。母親の乳首は刺激を受けることによってホルモンが分泌され、母乳の分泌が促されるのである。

生後間もない時期は、赤

ちゃんの行動は反射が優位であったが、徐々に新たな行動を獲得していく。寝ているだけだった赤ちゃんが、首を持ち上げるようになり、ひとりでお座りできるようになり、つたい立ちをして、ひとり歩きを始める[14]（図2—2参照）。

また、この時期の運動発達にとくに大きな意味を与えたのは、ピアジェであった。ピアジェは、認識の発達について四つの発達段階に区分したが、誕生後約二年を、その最初の段階である感覚運動期とよんだ。感覚運動を通して認識を発達させる時期である。赤ちゃんにとって、赤ちゃんがいる子宮の外の世界は初めて見るものばかりのはずである。目の前にある物体は、固いのか柔らかいのか、ゴツゴツかすべすべか、音は出るのか、動くのか……。赤ちゃんは、手に持って動かしたり、口へ運びしゃぶることで、その物体から得られる感覚を確かめ、外界をひとつずつ探索するのである。赤ちゃんが、自分の手やおもちゃのガラガラを口へ持っていき、よだれだらけになって、しゃぶりついているのをよく目にするが、あれは、赤ちゃんが自分の手やおもちゃのガラガラを運動器官、感覚器官を通して探索しているのである。ピアジェに言わせれば、知的な活動の真っ最中なのである。

（2）感覚機能

赤ちゃんは、いつ頃から目が見えるようになるのだろうか。胎児期において光刺激への反応が確認されているということは先に述べたが、生まれたての赤ちゃんの顔をのぞき込んでみて、実際、目が見えているように感じられるだろうか。今でも多くの母親や、一部の医療関係者でさえ、生まれたての赤ちゃんは目が見えない、あるいは、光くらいは感じるが、何かが見えているわけではないと信じている。もちろん、これは誤りであって、生まれたての赤ちゃん[注2]もそれなりに見えていることがわかってきた。おとなに比べると決して視力がよいとは言えないが、灰色無地の表面と約〇・三センチ幅の縞模様とを弁別できるくらいである[(15)]（図2―3参照）。また、赤ちゃんは赤しか見えない、という俗説に対しても、おとなと同じように色が見えていることもわかっている。

ところで、なぜ赤ちゃんの視覚発達について俗説が多いのだろうか。つまり、なぜ赤ちゃんは目が見えないように見えるのだろうか。これは、赤ちゃんの顔をのぞき込んだとき、赤ちゃんの目の焦点が合っているように見えないことと、赤ちゃんが対象物を目で追う様子をなかなか見ることが

ファンツによると，生後１ヶ月以内の赤ちゃんは、一番上の縞模様（約3mm）を、生後６ヶ月までに、一番下の縞模様（約0.8mm）を見ることができる(15)。

図２―３　赤ちゃんの視力

できないためである。どうして赤ちゃんは、対象への焦点化と追視がへたなのだろうか。この理由は簡単である。赤ちゃんは、視覚器官はほぼ完成させて生まれてくる。しかし、何かを見ようとするとき、つまり、水晶体を調節して焦点を合わせたり、眼球を動かして追視するためには、毛様体筋や眼筋などの筋肉を弛緩・緊張させなくてはならない。筋肉は、私たちの手足の筋肉と同様、使うことによって発達する。つまり、赤ちゃんは、長い間子宮という暗闇にいて、何かを見る（焦点を合わせる、追視する）ということをしていなかったため、目を機能させるための筋肉が未発達なのである。そのため、焦点距離が固定化されているのである。言い換えると、赤ちゃんは、見ようとして見るというより、見える距離に入った対象を見るといえる。

では、赤ちゃんにとって、見やすい距離とはどのくらいだろう。二〇センチくらいといわれている。これは、母親が赤ちゃんを抱き、その顔を見つめたときの、赤ちゃんの目から母親の顔までの距離とほぼ同じである。赤ちゃんからすれば、ぼやけた風景のなかに、母親の顔だけがはっきりと見えるのである。もちろん、父親でも祖父母でもかまわない。赤ちゃんは、自分を抱いてくれた人の顔をしっかり見ることができるのである。しかも、赤ちゃんには、視覚的な弁別能力があり、長く見つめる対象とすぐ目をそらしてしまう対象がある。この性質を選好注視というが、赤ちゃんは、ほかの模様に比べて、人の顔を選好して注視することが知られている[16]。赤ちゃんは、視野に入ってきたものを見つめるだけでなく、それが、人の顔であるとより長く見つめる性質も持っているのである。

赤ちゃんにとって重要な社会的対象を、誕生のときから見ることができるということは、赤ちゃんを抱くおとなにも大きな意味がある。もし近くに生まれたての赤ちゃんがいたら、ぜひ抱っこして赤ちゃんの目を見つめてみてほしい。赤ちゃんと目が合うことがわかるだろう。黒目がちの目で、白目は青みがかっている。しかもほとんど瞬きをしない。そのような目で、じっと見つめてくる。そんな瞳に見つめられると、なんとも赤ちゃんをいとおしいと思う気持ちがわいてくるのではないだろうか。世話・保護を必要とする赤ちゃんが、自分を世話してくれる人の親性を育てているのかもしれない。

うまいやり方を知っていれば、赤ちゃんに追視をさせることもそう難しくはない。赤ちゃんがご機嫌に覚醒しているときに、赤ちゃんにとって見えやすい距離——約二〇センチのところに、対象を持っていく。赤ちゃんがそれを見つめたことを確認したら、その対象をゆっくりと動かす。赤ちゃんの瞳がぎこちなくではあるが、対象を追って動くのが観察できるはずである。

聴覚については、誕生時から十分機能している。赤ちゃんは、胎児期から新生児期においても、やや高めの音域を好んで聞くことが知られている。これは、男性の声より女性の声を好むことの根拠とされている。聞こえる音域の幅を示す可聴範囲も、おとなよりもやや高めで猫のものに近く、自分に聞こえやすい音を自分でも発声しやすいと仮定すると、猫の鳴き声と赤ちゃんの泣き声が似ていることもうなずけるだろう。また、おとなが赤ちゃんに話しかける際、おとな同士の会話とは違ったことばかけをする。これを、CDS（Child-directed speech；子どもに向けられた発話）やマザリーズというが、それらの発話の音声学的特徴として、高いピッチの音声が使用されることが多い[17]。おとなが、通じ合いたいという気持ちから、赤ちゃんの声の高さに合わせた話しかけをしてしまうせいか、赤ちゃんの聞こえやすさに応じた話しかけとなっているのである。

嗅覚と味覚についても、かなり発達して生まれてくることが知られている。味覚については、生後間もない赤ちゃんでも、とくに酸っぱい味に対して嫌悪の表情を見せる[18]。嗅覚についても、自分の母親の母乳のにおいを認識できるほどである。

人の赤ちゃんは、世話や保護がなくては、生き続けられないほど未熟に生まれてくるが、発達した感覚機能を持ち、外界に開かれているのである。

(3) 関係の発達

赤ちゃんは、おとなからの世話・保護が不可欠である。しかし、先に述べてきたように、ただ受け身でおとなを待っているわけではない。ここでは、赤ちゃんとおとなとの関係の発達について述べる。

おとなが、赤ちゃんに呼ばれるように感じるのは、どんなときだろう。何よりも、赤ちゃんが泣いているときではないだろうか。人の赤ちゃんの最初の泣きは、産声である。その後、空腹や痛みなどの不快感を、泣くことで周囲に伝える。赤ちゃんは、初めは「伝える」つもりはないかもしれない。しかし、赤ちゃんが泣くと、親や近くにいたおとなが駆け寄り、おなかがすいたのだろうか、おむつが濡れたのだろうか、抱っこしてほしいのだろうか、あるいは、怖い夢をみたのか、とか、どこか痛いのだろうかなどと、せっせと世話をやく。泣くことで、おとなを呼び寄せ、空腹や不快感を解消させる。そして、赤ちゃんは、おとなを呼び寄せるために泣くようになる。空腹で泣き始めたのであっても、「はいはい、おっぱいねぇ」と母親が抱き上げただけで、授乳が開始される前に泣きやむということも珍しいことではない。もちろん、抱き上げられた後、いつまでも授乳されないと、赤ちゃんはふたたび泣き始める。泣きは、初めは不快感の単なる表出であったかもしれない。しかし、赤ちゃんは、このようにおとなの世話を受けることによって、人を呼び寄せるために泣きを用いるようになるのである。逆に、泣いても誰も世話をしてくれないという環境で育つと、子どもは、徐々に泣かなくなる。「泣くのは、赤ちゃんのお仕事」とよくいわれるが、赤ちゃんは泣くことによって、自分を世話してくれるおとなを呼び寄せ、関係を発達させる契機としているのだろう。

また、泣きが、おとなに対して効果的であるひとつの理由として、それが聴覚的に訴えるものだということもある。赤ちゃんが早くからできる行為は、泣き以外にも、手足を動かすなどさまざまあるが、それらは、周囲のおとなの視覚にしか訴えない。視覚だけで何かを伝えるためには、初めからおとなの視線が自分へ向いていることが必要である。しかし、泣きのように聴覚刺激として訴えれば、おとなの注意が赤ちゃんに向いていないときでも、おとなの注意の方向を変えることができる。自分で歩いて母親のところへ行き、母親の肘をつつくというように、触覚的に訴えられない以上、赤ちゃんは音を出すことによって、母親の注意を向けることから始めなくてはいけないのである。これは、言い換えると、赤ちゃん主導のやりとりの開始である。赤ちゃんの、関係への主体性の表れといえるだろう。

もちろん、視覚的な表出であっても、おとなに影響力の大きいものもある。赤ちゃんの微笑である。赤ちゃんの微笑に触れたときほど、幸せを感じることはないだろう。赤ちゃんは、いつ頃から笑うのだろうか。実は、胎児期から微笑が確認されている。胎児期から生後しばらく続く微笑は、まどろみ状態や寝入るときに生じやすく、何かの刺激に対してほほえむというタイプの微笑とは異なり、自発的な生理的反応と捉えられている。赤ちゃんは、生後三週頃から特定の刺激への反応として微笑するようになり、生後四、五ヶ月ともなると、自分の慣れ親しんだ人（たとえば、母親）を選んで微笑するようになる。この頃になると、見知らぬ人へ向けられていた微笑が減少し、微笑は赤ちゃんの選択的反応のひとつとして理解されるようになる。つまり、微笑が、赤ちゃんのその人に対する好ましさの表れとなってくるのである。

さて、ここで、赤ちゃんが、特定の人に対して選択的に反応するということについて述べておく。たとえば生後三ヶ月頃の赤ちゃんは、誰に抱かれてもそれほどいやがらず、あやされると、にっこりとほほえんでくれる。ところが、生後六〜七ヶ月頃になると、見知らぬ人に対して、表情を険しくしたり、むずがったり、時には、大泣きしてしまうこともある。このような人見知りを、七ヶ月不安という。この時期の赤ちゃんは、見知らぬ人を避け、母親などよく慣れた特定の人を積極的に求めるようになる。母親や慣れたおとなにしかほほえまなくなったり、母親などを後追いするようにもなる。家の中にいるときでさえ、母親を後追いし、母親がトイレに行くときも、ハイハイでついてくる。母親がトイレのドアを閉めると、ドアの前で母親が出てくるまで大泣きをしている、ということも珍しい話ではない。このように、子どもから特定の人への結びつきを求める情緒的なきずなを愛着という。子どもは、安定した愛着関係のなかで、人全般に対する基本的な信頼感を発達させるといわれている。

(4) やりとりの発達

赤ちゃんが、人との関係に開かれた存在であることは、先に述べてきた通りである。赤ちゃんは、主体的におとなとの関係を求めるような行動をしている。ここで少し考えてみてほしい。赤ちゃんは、他者とどのようにやりとりをしているのだろうか。私たちおとなであれば、主にことばを使ってやりとりをするだろう。しかし、赤ちゃんはおしゃべりができない。おしゃべりなしに、やりとりができるのだろうか。

赤ちゃんは、生後間もない頃から、話しかけに対して、相互同期性を示すことが見いだされている。つまり、おとなの話しかけに対して、赤ちゃんが発話の音節の変化に応じて身体を動かすのである[19]。母親や身近なおとなは、赤ちゃんがしゃべることができないと知りつつも、話しかける。ところが、自分の話しかけに応じて、赤ちゃんが身体を動かすのである。すると、そのおしゃべりが少しでも長く続くように、母親や身近なおとなは、赤ちゃんの身体の動きをよく観察し、赤ちゃんにあわせるように、話しかけを調整することになるだろう。このように、初期のやりとりは、母親の話しかけに同期して動く赤ちゃんと、その赤ちゃんの動きにあわせるように話しかける母親との相互的な調整によって成り立つ。

赤ちゃんがことばを獲得する以前からの、このようなやりとりは、赤ちゃんが言語を発達させるだけでなく、赤ちゃんの愛着を形成するうえでも、共感的に情緒を発達させるうえでも、重要なはたらきをするのである。

●幼児期

寝てばかりいた赤ちゃんが、自分ひとりで歩き出し、「んーば、んーば」と声を出して、ことばらしきものを話し始めると、乳児を卒業することになる。乳児期の後、五～六歳くらい、小学校に上がる時期までを幼児期という。乳児期から幼児期への変化は、なんといってもことばの発達だろう。おしゃべりができるようになることは、ことばで何かを伝えられるという表面的なことだけではない。私たちおとなは、何かものを頭のなかで考えるとき、ことばを用いている。混乱した感情を沈めるために、心のなかでことばを用いるし、明日の予定を立てようとするときにも、楽しかった出来事を思い出すときにも心の中でことばを使う。赤ちゃんの「んーば、んーば」が、「ママ」や「ワンワン」という他の人にも通じることばに変化することは、赤ちゃんの外の世界へも、内面の世界へも大きな変化をもたらすのである。

(1) ことばの発達

乳児期の終わり頃から、ことばらしきものが出始める。「んまんまんま……」などのあいまいな音での発声が、身近なおとなから、「まんま」や「ママ」と解釈されるという経験を通して、食物のまんまを要求するために、「まんま」と言うようになったり、母親を呼ぶときに「ママ」と言うようになる。子どもは、外界のいろいろな事物には名称が付いていることや、ことばで何かを伝えることができるということを知り、ことばを徐々に自分のものとしていく。

ことばの発達については、個人差がとくに大きいが、一歳半で一語発話、二歳半で二語発話、三歳で三語以上の単語が連鎖するようになる。[20] たとえば、話し始めの一語発話の時代には、子どもは単語をいくつもつなげて話をすることはできない。子どもが「ママ」と言えば、それは、「ママ、いっしょに遊ぼう」という意味かもしれないし、「あ、ママがいた」という意味かもしれないし、「このコップは、ママのもの」という意味かもしれない。もちろん、言語の獲得途上であるので、これらの発話の意味が、明確に分化しているとはいえないが、ひとつの単語の背景に、多くの意味を含んで発話されるのが一語発話である。さらに、二語発話、三語発話となると、「パパ、かいちゃ(会社)」や「だいちゃん　ほいくえん　いく」と単語連鎖が進むのである。

では、子どもはどのようにことばを習得するのだろうか。その道筋は、すべて明らかになっているわけではないが、いくつかの興味深い知見がでてきている。たとえば、子どもは、母親など身近なおとなからことばを学ぶことになるのだが、子どもは、おとなが話すことばをそっくりそのまま覚えるわけではない。つまり、子どもはおとなのことばを模倣することによって、覚えるのだとする模倣説に対して、異論が唱えられているのである。

おとなは、子どもに対して、文法的に誤った言い方はしないものであるが、子どもが、おとなが話さないような、文法的に誤ったことばを独自に作り出すというのである。英語で、過去のことを話す際、動詞を過去形に変換する。英語には、不規則変化する動詞があり、たとえば、go の過去形は went となる。ところが、子どもは、ことばを獲得する途上で、I goed to the zoo. というような言い間違いをするのである。おとなが go の過去形を間違うことはないので、子どもは、おとなの模倣をしたはずはなく、独自にことばのルールを作り出したのである。この場合だと、過去について話すときは、不規則変化なしに動詞に -ed をつける、というルールを作り出したのだろう。過去形の多くは -ed をつけるので、これはルールをあてはまらない部分にまであてはめた間違いである。これを、過剰般化という。過剰般化の例は、日本語を獲得する子どもたちにもしばしば見られる。[21] たとえば、私の娘も息子も、二歳代に、似たような言い間違いをした。転んでけがをした膝を見て、「ちが　が　でた」と言ったり、蚊にさされたところを指して、「かに　に　さされた」と言っていた。血や蚊という一音のことばは、とくに子どものことばとしては、珍しい。目は「おめめ」と言うし、手は「おてて」と言うことが多く、子どもは、おそらく一音では単語になれない、というルールを作り出し、それを過剰にあてはめてしまったのだろう。さらに、おとなは、「が」や「に」などの格助詞をしばしば省略する。それで、子どもたちは、「ち　が　でた」や「か　にさされた」と聞いて、「ちが」「かに」でひとつの単語とし、さらに、格助詞を自分で付け加えて、発話したのだろう。

子どもの言い間違いの研究は、子どもの言語発達の道筋をたどるうえで参考になる。子どもは、模倣だけでことばを覚えるのではない。もちろん、模倣に頼る面も少なからずあるが、オウムがことばを覚えるのとは全く異なる。子どもは、辞書のようにことばを覚えようとするのではなく、ことばを使おうとするのである。使われたことばを、自分の文脈に積極的に取り込み、自分なりの解釈を経て使う。だから、ことばをいったん覚え始めると、新しいことばやフレーズも、自分がすでに知っていることばに引きつけて解釈してしまうことが少なくない。やはり、娘の例であるが、「雨ふりくまの子」という歌の二番を歌っているとき、「魚が　いるかと　見てました」という部分を、「さかなが　イルカと　似てました」と歌っていて、笑いが止まらなかったことがある。子どもは、自分に浴びせられることばを、ただ受け身に覚え込むのではなく、主体的に自分なりに加工して、自分で使うためのことばとして、身につけていくのである。

(2) 関係の発達

幼児期の子どもにとって、最も重要な関係は、やはり、母親など身近なおとなとの愛着関係であろう。子どもは、愛着の対象としての母親などの身近なおとなを安全基地として、探索行動をする。[22]たとえば、子どもは、初めての場所へ行ったときや、見慣れないおもちゃを前にしたとき、その場所やおもちゃを探索したいという好奇心と、新奇なものに対する恐れとを同時に経験する。そのようなとき、子どもは、母親という安全基地と、新奇な場所や物とを行き来しながら、徐々に探索行動の範囲を広げていく。そのうち、視線で安全基地を確認するだけで、新たな探索に挑戦できるようになり、さらに、愛着の対象を内面化し、心のなかに安全基地を作り、より広範な世界へと目を向けるようになるのである。

ことばの発達も、子どもをさらに広い外の世界へ押し出す手伝いをする。片言であったとしても、ことばで他者とやりとりができるようになることは、家庭の外へも関係の輪を広げることになる。幼児期は、友だち関係の様相が大きく変化する時期でもある。[23]二歳頃には、子ども同士で直接的な交渉は少ないが、同じ場所で同じような遊びをすることで、真似したり、真似されたりするといった遊びが展開する。たとえば、お砂場などで、ひとりの子どもがどんどん深く穴を掘れば、同じお砂場にいるが違う方を向いた子どももどんどん深く穴を掘るといったような遊びである。このように、行為を通して、自分と同じくらいの年齢の子どもの存在を意識し始めるようになるのである。

三～四歳頃になると、ことばでのやりとりが上手になり、子どもたちは、ままごとやバスの運転手さんごっこなど、ごっこ遊びに夢中になる。子ども同士で、異なった役割（お母さん役、赤ちゃん役など）を演じ、イメージするストーリーに沿って遊びを展開する。しかし、子どもたちのイメージはそれぞれに異なっているので、子どもたちは、互いに調整することが必要となる。友だちとの遊びを少しでも長く維持するために、子どもたちは、自らを抑制したり、相手と交渉したりする。そのような友だちとの調整を通して、ある他児と別の他児との違い、さらには、その違いが自らに与える心地よさや安心感、逆に、不快感の違いに気付く。子どもたちは、離合集散を繰り返す一時的な関係を積み重ねるなかで、徐々に、自分にとって心地よい関係へ引き寄せられるようになる。おとなから見ると、「○○ちゃんと○○ちゃんは、なんとなくいつも一緒に遊んでいるわね」というなかよしの関係ができてくるのである。四歳を過ぎると、子ども自身に、誰が友だちかという意識が芽生えてくるので、遊びを始める前に、まずなかよしの友だちを探すようになる。つまり、それまでは、遊びが展開するなかでなかよしの友だちが自然と集まってきていたが、この時期には、遊びは、友だちと関わるための手段としての意味合いも持ってくるのである。

子どもは、おとなとのやりとりとは違う、子ども同士のやりとりを発達させる。子ども同士のやりとりは、おとな相手のときのように、簡単に妥協してくれないし、時に、激しいけんかとなるかもしれない。一方で、同じ目線でわかりあえるという経験をするかもしれない。子どもは、この時期に、今後の人生で出会うだろう多くの人とのやりとりの練習をしているのかもしれない。

（3）認識の発達

ピアジェの発達段階によると、前操作期（二〜七歳）は、幼児期の大半を占める。操作とは、一

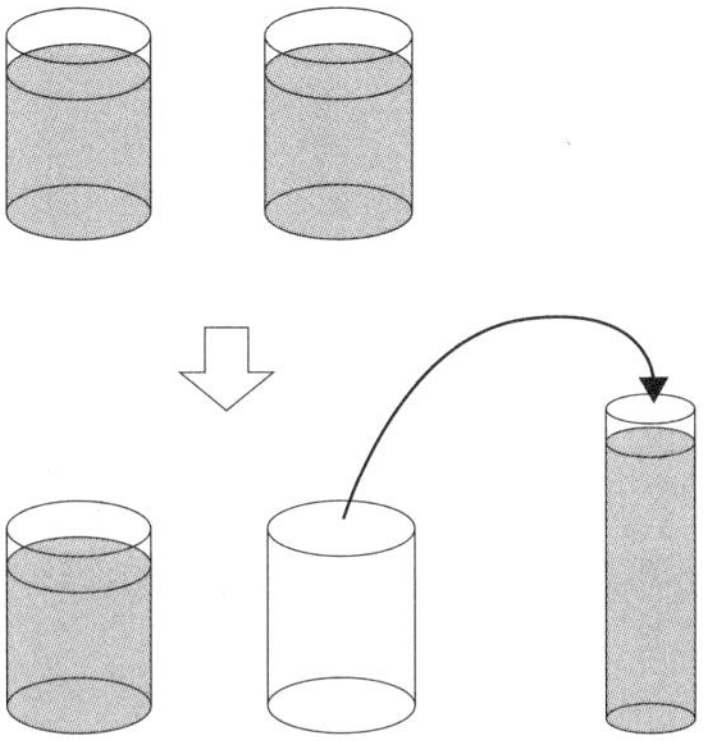

保存とは、一定の数量は、変形などにより外観が変化しても、加えたり減じたりしない限り、一定であるという認識。

図２—４　液体の保存の実験

貫した論理的枠組みのなかで行われる思考のことである。前操作期の子どもは、心に思い浮かべたイメージやことばを用いた思考（表象的思考という）をすることができるようになるが、一方で、その思考に一貫した論理的枠組みがまだない段階にいる。たとえば、ピアジェは次のような実験をしている（図２—４参照）。子どもに、二つの同じ形のコップに同じ高さまでジュースを入れて、よく見せ、同じ量であることを確認する。子どもの目の前で、一方のコップのジュースを、形が違うコップに一滴残らず移し替える。このコップは、初めの二つのコップよりも、狭く高い形をしているので、ジュースの水面は、移し替えたことによって高くなる。これを見ていた子どもは、ジュースが増えたと言うのである。私たちおとなは、ジュースを移し替えて、表面的な形が変化しても、量が変化しないことを知っている。ところが、子どもは、見た目が変化しても、足したり減らしたりしなければ量は変化しないという論理的な枠組みが、まだ育っていないので、このような間違いをするのである。

子どもは、幼児期を通して認識を発達させ、ピアジェが問題としたような、外界の理解を深めていくだけでなく、「今」「ここ」の現実世界を超えた想像の世界も展開させる。想像力は、一歳の頃から働き始めるといわれている。たとえば、一歳半くらいの子どもだと、バナナを耳に当てて電話に見立てて遊ぶということをするが、これは、現実世界のバナナと、頭のなかに思い描いた想像の電話を結びつけているからこそできる見立て遊びである。さらに成長すると、子どもは、ことばを操ることによって、現実世界を超える力をつけていく。娘が、三歳になろうとする頃、大好きな絵本に出てくる「青いおうち」に行ってみたいと言いだした。親としてもそれに応じるように、「そうね、青いおうち、行きたいね」と話をあわせていたところ、ある日、娘が「青いおうちに行ったこと、あるよ」と言い出した。そして、青いおうちに、ひとりで行ったけど怖くなかったこと、青いおうちは森の奥にあったこと、青いおうちにいろんな友だちが住んでいることなどを話してくれた。青いおうちに住んでいるリカちゃんというお友だちの絵まで描いてくれた。娘の青いおうちの想像のお話は、一年以上続き、青いおうちは、途中で娘の好きな色である赤いおうちに変化した。赤いおうちにもお母さんが住んでいて、そこのお母さんはアイスクリームを毎日食べても叱らないなど、親への口答えの材料に使われることもあった。娘は、想像を私たちおとなに話すことによって、さらに詳細な部分まで想像をめぐらせることができたのだろう。そして、この想像の世界が、時に娘を支えていることもあった。たとえば、赤いおうちのお母さんがアイスクリームを毎日食べてもいいと言ったという想像は、アイスクリームに関して絶対的な存在である現実世界の母親に挑戦しているとも受け取れる。「もし〜だったら」という別の可能性を思い描くことは、経験したことのない未来を思い描くときにも助けとなるはずである。

●学童期

学童期は、六歳から一一、一二歳までの、小学校の時期をいう。それまで、家庭中心の生活であったのが、小学校という親の目の届かない世界へ移行する。そこで、子どもたちは、これまでの親子のような縦の人間関係に加えて、友だち同士という横の関係をさらに充実させるのである。

(1) 関係の発達

小学校にあがると、それまで常に子どもの背後にあった「おとなの視線」が一気に遠のく[23]。家庭や幼稚園、保育園では、同じ空間に必ず親や保育者などおとながいた。しかし、小学生になると、休み時間には、先生のいない教室で子どもだけで過ごすようになるし、放課後、近所の公園で遊ぶときも、子どもだけの時間を過ごすことになる。そのようななかで、子どもにとって、友だちとの関係は、それ以外の親や先生との関係に対して大きく比重を増すのである。

子どもたちは、一日の多くの時間の居場所として、友だちとの関係を捉えるようになり、その関係が安定することを求める。つまり、自分が友だちを選択するように、友だちからも自分が受け入れられることを望むようになる。そして、友だちから受け入れられるかどうかが、自分の価値と強く結びつくようになる。それまで、親などが同一視（自分とその人を重ね合わせて、自分のあるべき姿とすること）の対象であったが、小学生ともなると、重要な友だちは、親と同じように、同一視の対象となるのである。たとえば、それまで家庭では決して許されなかったような汚いことばを、お友だちが使っているからと真似して口にするようになることがある。これは、汚いことばを使ってはいけないということが、わからないのではなく、悪いことと知りつつ、それが許される学校という社会の価値観や規範を家庭に持ち込んで、家庭を試しているのである。他にも、小学生の子どもがよく言うことばとして、「タカシも、ツヨシも、みんなゲームボーイ買ってもらったんだよ。ぼくも買って」がある。親が学校という場で起こっている出来事を知らないことを知っていて、子どもは親に、情報を選んで伝えるのである。そして、時に、自分の目的を遂げるため大げさに伝えることすらある。言い換えると、子ども自身も、それだけ学校と家庭という場を異空間として捉えている表れだろう。子どもにとって、学校での友だちとの経験は、家族以外の価値観や考え方を身につけ、幅広い人格へと歩みだすきっかけとなっている。

（2）認識の発達

学童期になると、自分の目で見たり、実際に体験できる場面では、一貫した論理的枠組みのなかで思考ができるようになる。たとえば、先のジュースの課題も、コップを移し替えるのを目の前で見せると、量が変化しないことを理解できる。このように、具体的な場面において操作的思考が可能になる時期を、具体的操作期とピアジェはよんだ。思考の構造化が進み、学校においても組織的に学習の機会が準備され、知的活動が充実してくる時期である。

(3) 異年齢での学び

娘が入学した小学校では、一年生が入学して数ヶ月間、休み時間になると、六年生が男女数名やって来て、一年生の遊び相手をしてくれたり、男女を分けてトイレに連れて行ってくれたりした。新入学児の幼稚園・保育園から小学校への移行を、年長児が援助するような取り組みをしている小学校は少なくない。子どもたちは、それまでの幼稚園や保育所では、先生が教室にいる授業の時間と、先生がいなくて自由に遊べる休み時間を区別してこなかった。チャイムを合図に時間を区切って、同じ教室が異なる意味を帯びるということを経験してこなかった一年生にとって、もし先生が授業のあと、「遊んでいいですよ」と教室を出てしまったら、かえって混乱したかもしれない。また、先生がその場にいて遊ぶように指示するのも、不自然である。それで、同じ子どもであり、小学校生活の先輩である六年生を、先生の代わりに教室に入れ、休み時間の休み方やトイレの使い方を一年生に伝授させるというのだ。

子どもたちが、小学校に通い始めて学ぶことは、国語や算数などの教科に関する知識だけではない。子どもたちは、学校での過ごし方、それぞれの学校の文化を学ぶのである。たとえば、トイレが男女別になっており（幼稚園・保育園のトイレは多くの場合男女共用）、それを間違えてしまうことは大変な不名誉であることや、先生が走ってはいけないと言う廊下だが、六年生の男子は走っており、そこからくる、廊下を走ることとの文化的な意味を学ぶかもしれない。また、先生が授業という限られた時間しか教室にいないことは、先生の役割を限られたものとして認識を変えていくことだろう。

自分の置かれた状況における生きた知識や技能、価値などの学びは、どのように生じるのだろうか。学習とは、状況に埋め込まれたものであるとする立場がある。何かを学ぶことは、それをすでに実践している共同体に参加することで、その参加は正統的、かつ、周辺的になされるというのである。(24) 例をあげたほうがいいだろう。

異年齢の子どもたちを交えて鬼ごっこをするときの、「みそっかす」というルールをご存じだろうか。最近は、異年齢の集団で遊ぶことがなくなり、「みそっかす」のルールが現存しているのか、個人的にかなり心配している。ともあれ、異年齢児が同じ条件で鬼ごっこをしようとすると、どうしても低年齢児ばかり鬼になり、さらに、鬼になった低年齢児は、他の子どもにタッチできず、いつまでも鬼をしなくてはいけない。これでは、年齢の高い子どもも低い子どももおもしろくないだろう。「みそっかす」とは表現は悪いが、異年齢集団でどの年齢の子どもも楽しく遊ぶためのルールで、さらに、個々の発達を前提としているという意味でも、優れたルールであると思う。「みそっかす」のルールは、低年齢児を鬼ごっこの仲間には入れるが、鬼にタッチされても鬼をしなくていいというルールである。鬼にならないのに、逃げ回って何が楽しいのかと思いがちだが、みそっかすの低年齢児は、タッチされないよう必死で逃げ回り、鬼に追いかけられるスリルを十分味わっている。そして、みそっかすの子どもは、鬼ごっこにとにかくまず参加することで、単純な遊びのルールだけでなく、効果的な逃げ方や追いかけ方、タッチのタイミングが微妙だったときの仲間との交渉の仕方なども含めて、鬼ごっこを学ぶ。みそっかすの子どもは、鬼ごっこの他のメンバー全員が認めて鬼ごっこに参加しているという意味で、正統的な参加である。ただ、年長児と同じような、全面的な参加ではない。鬼をめぐって逃げる―追いかけるという関係からは周辺的な参加である。つまり、学びとは、周辺的参加から十全的参加への移行のことである。このように学びを理解しようとする理論を、正統的周辺参加というが、少なくとも、正統的周辺参加の理論は、授業中に先生が「小学生の小という漢字は、まんなかの縦棒を一番に書きます。まっすぐ下まで降りて、はねますよ。それから、左、右の順で、はらって、とめます。はい、上手に書けましたか」と教える際に前提としているような、いわゆる学習理論とは異なった立場である。学習理論に従って、鬼ごっこをしようとするなら、鬼ごっこを始める前に、鬼ごっこのルールすべてを覚えなくてはいけない。一方で、正統的周辺参加の理論では、まず参加ありき、参加の仕方が変化することが学習であるというのである。

●青年期

(1) アイデンティティの揺らぎ

青年期は、おおよそ、一二、一三歳から二〇~二五歳頃とされ、生理的に生殖可能な状態への身体的成熟に始まり、就職、結婚や子育ての開始などのライフ・イベントを契機に、次の成人期へと移行する。思春期は、青年期の前半にあたり、脳下垂体から分泌される性腺刺激ホルモンが働き、第二次性徴が表れる。身体が、目に見えて性的に成熟する一方、心理面でのおとなへの移行が、身体的発達に追いつかないことが多く、それまで形成してきたアイデンティティを揺るがすことになる。アイデンティティとは、「自分が自分である」という意識をいう。過去―現在―未来という時間のなかで、また、さまざまな場面において、同一の自分であり、ある程度の変化はあるものの類似した存在であると思えることである。青年は、おとなと子どもの間で、自立の不安と依存の拒否という対立した感情を抱えることになる。さらに、認知的にも発達し、経験を伴わない形で世界に関する知識を広げる。これによって、理想主義が強まることや、親や社会に対する批判的な感情を抱くことがある(第二次反抗期)。「自分は何者か」「何をしようとしているのか」など、自分へ問いを浴びせかけ、その答えが容易に見つからないことも少なくない。

(2) 対人関係の発達

青年期の対人関係については、学童期以上に、家庭外の世界への広がりを見せ、友人との関係が、より心理的な深まりを見せる。近年の携帯電話・携帯メールの普及により、常に連絡を取り合うことができるようになり、より密度の濃い関係を形成しているかもしれない。しかし、一方で、いくつかの問題が指摘されている。たとえば、携帯メールによるやりとりは、書き言葉によるやりとりである。同じ言葉であっても、書き言葉と話し言葉は、かなり異なった性質を有している。話し言葉によるやりとりは、音声の抑揚、沈黙、表情や視線の変化を手がかりに、リアル・タイムでやりとりが相互構成される。つまり、相手との話の進行に応じて、やりとりそのものを互いに作り上げているのである。一方で、携帯メールのような書き言葉でのやりとりは、文字以外の手がかりはなく、また、何度も読み直し、修正してからメッセージを送ることができる。声の調子や表情を読まれることなく、読ませるメッセージだけを意識的に選択することができるのである。表情を帯びさせるために用いられる絵文字も、同じである。これは、よく知っているはずの相手に対して、自分を装いながらやりとりをすることになりかねない。いわば、既知の相手に対する、自身の匿名化といえるだろう。連絡を取り合う頻度が高くなる一方で、やりとりの密度は低くなっているかもしれない。

青年期には、異性への関心も強くなる。身体的な性的成熟が、男女の相違を目立たせ、性的対象として異性を捉えるようになる。また、性的欲求や独占欲などを伴った肯定的感情として、特定の異性に対して恋愛感情を抱くようになる。異性との関係の成功失敗は、自己評価につながるほどの重大な問題として感じられることもある。同性の友人にせよ、異性の恋人にせよ、青年期におけるさまざまな葛藤を乗り越え、アイデンティティを確立するという点からも、対人関係の影響は少なくない。

●成人期・中年期・老年期

青年期の後、三五、三六歳頃までを成人期、その後六五歳くらいまでを中年期と呼び、中年期の後、死ぬまでの時期を老年期と呼ぶ。これらの成人期以降の区分については、年齢に強く依存した心理的発達というより、就業や結婚などのライフ・イベントを経験することによる発達という意味合いが強く、基準となる年齢は、むしろ、各期に経験するライフ・イベントの時期と言い換えることができる。これらの出来事は、文化的な影響が強く、発達前半期のように時期を区切ることが難しく、その妥当性も議論のあるところである。そこで、成人期以降については、ライフ・イベントを中心に述べることとする。

(1) 就業

多くの場合、青年期の終わりの目安になるのが就業である。一八〜二五歳くらいまでの間に最初の就職をすることが多い。

人は生まれたときから、親からの自立の過程を歩んでおり、発達の各期に特有の自立の様相がある。しかし、就業によって、経済的に親から自立することは、精神的な自立を伴うことが多く、おそらく最も自覚的に捉えることのできる自立だといえる。私などは、学生を長く続けていたために、同年齢の友人のほとんどが先に就職している。二〇代半ば頃、高校や中学時代の友人と久しぶりに会うと、就職した友人たちの生活がとても充実したものに見えたことをよく覚えている。旅行の話をしても、学生の私にとっては旅行費用の問題が重要であるのに対し、社会人の友人にとっては休暇がとれるかどうかのほうが重要そうであった。友人が職場についてもらす愚痴も、責任をもった一人前のおとなの話のように感じたことを覚えている。あるとき、中学時代の友人と喫茶店でたっぷり話したあと、友人が通りがかりのお店で、ステキなアクセサリーを購入した。社会人というものは、このくらいの金額のものが衝動買いできるのかと改めて知った私は、つい、見栄が出てしまい、ちらっと見て気に入ったアクセサリーを真似して購入してしまった。当時ひとり暮らしだった私は、その月の残りの日数と、バイト代や親からの仕送りの日を考え、お財布の現金を残し、親の口座が引き落とし先になっているカードを使って購入した。そのカードは、ひとり暮らしを心配した親が、万が一のときのために持たせてくれたもので、勝手に使ってはいけない約束になっていたものだった。一ヶ月ほど経った頃、親から怒りの電話がかかってきたことは言うまでもない。電話口で叱られている私も、なんとも情けないのだった。

親から経済的にも精神的にも自立することは、人生におけるあらゆる選択肢を、自己決定できるようになるということである。それまでの社会的経験の積み重ねも自己決定を手伝うことになる。また、対人関係についても、それまで好き―嫌いなどの感情的つながりを中心に、対人関係を形成してきたが、職務上の利害関係や共同関係、競合関係など、対人関係が重層化する。それによって、自身の社会的役割も強く意識するようになる。

(2) 結婚

法律的な届け出の有無にかかわらず、結婚により、生涯のパートナーと親密な関係を結ぶ。結婚の年齢は、文化や時代によって大きく異なるが、およそ一〇歳代後半から三〇歳代前半に最初の結婚をするカップルが多い。結婚もまた、親からの精神的自立に影響がある。親は、最も身近な家族として意識されてきたが、結婚を機に配偶者と入れ替わる。

結婚は、それまで別々に生きてきた人同士が折り合いをつけて、新たな生活を営むので、生活スタイルそのものが大きく変化することもある。結婚がうまくいくかどうかは、さまざまな要因が絡むが、双方が補い分かち合う態度を持つこと、同じように身体的に健康であること、また、身体的魅力、教育程度、家庭の背景などが似ていることなどを、うまくいく要因だとする研究が多い(4)。また、夫婦間の葛藤については、それを回避するよりも直面したほうが、そのときの夫婦関係は不満であっても、将来的には満足度が高いとされている(25)。確かに、思い当たるふしがある。夫は、結婚前の私は、喧嘩をするとすぐ泣いていたが、結婚後は、私がすぐ怒り、激しく言い返し、怖くなったと言う(夫だって……と言いたいが、ここではがまんすることにする)。結婚前は、泣くことで葛藤に直面することを避けてきた(もちろん、意図的にではないが)が、結婚後、毎日顔を合わせる状況では、そうも言っていられなくなった。しかし、きっとこうやって葛藤に直面するからこそ、我が家は安泰なのかもしれない（と私は思っているが、実際のところはどうだろう）。

（3）親になること

妊娠、あるいは、子育てを開始することにより、親としての発達の道筋も歩むことになる。先に述べたように、親性は発達するもので、母性のように、女性に限定された本能は認められない。近年は、世代間の交流がほとんどないことから、子どもを持つ前に親としての発達の軌道が描けないこと、あるいは、地域保育が減退してきていることから、母親が社会から孤立してしまうことが、親への移行の妨げとなっている場合もある。近所にほとんど知った人のいないところで、夫が仕事から帰宅するまでの間、子どもと二人きりで自宅にこもってしまうというケースもある。私が出会ったある母親は、まだおしゃべりをする前の乳児を抱え、日中二人きりで過ごしていた。そして、夫が帰宅して、「おかえり」と声をかけたとき、今日初めて口をきいたことに気づいた、こんなふうに思う日が何日も続いた、と語った。この母親は、のちに近所の公園へ行くようになり、そこで同じように子育て中の母親と知り合いになり、地域のなかでの自分の母親としての居場所を見つけていった。とくに、母親の育児不安や育児ストレスなどの研究は多く、夫の育児へのサポートの有無、実母との関係などの影響[8]、または、子どもの気質による育てやすさなどの影響が大きいとされている。

その一方で、伝統的な、自己犠牲による子育て観が廃れ、むしろ育児を積極的に楽しもうとする傾向も出てきており、適応的に親への移行を成し遂げるケースも少なくない。妊娠前は、地域との交流が全くなかった場合にも、子ども連れの母親が集まりそうな場所へ自ら出向き、積極的に、新たな交友関係を結ぼうとする母親も少なくない。子ども連れの集まりそうな場所とは、乳幼児健診、児童館やこどもセンター、近所の公園、大型スーパーや百貨店の子ども用の遊びコーナーなどである。子ども連れの人同士であれば、それが初対面の人であっても、会釈をしたり、話しかけたり、かけられたりすることに抵抗を感じにくいらしい。ある母親は、子どもを連れているといろんな人から話しかけられた、たぶん、今まで生きてきたなかで、こんなに、知らない人に話しかけられたことはない、子どもを連れて外へ出ると世界が違って見える、と語った。また、これらの育児に適応的な母親が、子どもに対して否定的な感情を抱かないかというと、そうではない。子どもへの否定的な感情はどの親でも抱きうるものであり、むしろ、子どもへの否定的感情が子どもの発達を振り返る契機になることもあるのである[26]。

（4）中年期危機

ライフ・イベントとはいえないが、四〇～四五歳頃、中年期危機として指摘される心理的な危機状態を経験することがある。人生中間の移行期と呼ばれる時期で、体力の衰え、自身の人生の有限性の自覚、社会的役割の変化などから、アイデンティティの危機を感じるというのである。主に女性が、空の巣症候群といわれる不安定な状態に陥るのもこの時期である。子どもが就業や結婚で自立し、夫は仕事で不在がちであり、家庭にひとり残された妻が、空虚感や抑うつを感じるというものである。

一方で、中年期に積極的な意味を見いだそうとする立場もある。中年期は、新しい世代を生成することが発達課題だというのである。これをわかりやすく説明するために、未来への展望という観点から、各時期を比較してみよう。学童期までは、未来は夢として、多くの可能性のひとつとして語られ、非現実的である。青年期になると、理想主義に基づいて、自身の人生についての展望を持てるようになる。成人期になると、大きなライフ・イベントを経て、具体的に自身の人生を展望できるようになる。これは、ある意味で、自分の人生の限界や制約を実感することでもある。そして、中年期になると、個人の人生を超えた未来への展望——つまり、次の新たな世代を育てはぐくむことを通して、自身が発達するのである。

(5) 身体機能の衰え

老年期にはいると、視力、聴力が低下したり、疲れやすくなったり、性機能が衰えたりと、身体の機能が低下する。これは、老いの自覚を導くきっかけとなることが多い。老いの自覚とは、自分の老いを自覚し老人になったという主観的な意識であるが、その引き金となりうるのは、身体機能の衰えの他、記憶力の低下など知的な機能の停滞や、家族などから老人として扱われることなどがある。このように身体をはじめとするさまざまな機能が低下する老年期における発達は、どのように捉えられてきたのだろうか。

これに関して、発達心理学の成熟過程の捉え方に伴ういくつかの立場がある。[27] 第一は、衰退・退行とみる視点である。青年期・成人期を発達の頂点とし、それ以降低下していくという考え方であり、発達心理学の歴史において、最も古くからみられる立場である。第二は、成長・成熟とみる視点である。加齢に伴う心身の変化に、肯定的な意味を与え、人を、生涯を通じて発達を遂げる存在であるとみる考え方である。たとえば、老年期にも、人格的円熟さが増すなどこの時期のプラスの変化に目を向けたものである。第三の視点は、深化・統合とみる視点である。これは、第二の視点を発展させたもので、発達をより没価値的にとらえる立場である。たとえば、人は、青年期であれ、老年期であれ、自身の新たな状況にアイデンティティが揺らぎ、その再統合を遂げる。どの時期であっても、自身の生き方を問い直し、将来の生き方についての再方向付けを行うという心の作業をし続けるのだとする考え方である。つまり、変化の方向が価値的にプラスかマイナスかではなく、状況の変化による心理的変化の過程そのものを捉えようとするのである。

身体機能の低下は、老いの自覚を導くかもしれないが、それは、老いの受け入れという新たなアイデンティティを再構築するのである。そして、自身の人生の終わりをどのように迎えるかという、受け入れがたい問題にも直面する。人は最期の最期まで発達し続けるのである。

注

（注1）妊娠週齢は、たいてい四〇週目を予定日としている。しかし、これは、最終月経日から数えるためで、受精するのは、最終月経のおよそ二週後である。つまり、妊娠週齢の二週までは、実際には受精していないので、ここでは、約三八週とした。

（注2）ここでの、生まれたての赤ちゃんとは、予定日前後に生まれた正規産の赤ちゃんのことで、未熟児には当てはまらない場合もある。視覚については、受精後三八週（妊娠三四週）頃完成するといわれており、それ以前に早産で生まれた場合、未熟児網膜症など視覚に障害が現れる場合もある。

引用文献

（1）Werker & Tees, 1984: Cross-language speech perception: Evidence for perceptual reorganization furing the first year of life. Infant Behavior and Development, 7, 49-63.

（2）川野健治・岡本依子・宇良千秋・矢冨直美　一九九七　特別養護老人ホームでの食事介助とその成立要件　人間科学研究　十、七五―八六頁。

（3）アドルフ・ポルトマン　一九六一（高木正孝　訳）『人間はどこまで動物か――新しい人間像のために――』岩波新書。

（4）ジョージ・バターワース・マーガレット・ハリス　一九九七（村井潤一　監訳）『発達心理学の基本を学ぶ』ミネルヴァ書房。

（5）多田裕　一九九二　胎児期の発達　高橋道子（編）『新・児童心理学講座2』第二章。

（6）DeVries, Visser & Prechtl, 1984: Fetal motility in the first half pregnancy, In Prechtl (Ed.) Continuity of neural function from prenatal to postnal life. Spastocs International Medical Publications.

（7）荒井良　一九七六『胎児の環境としての母体――幼い生命のために――』岩波書店。

(8) ニコル・テイラー（文）、レナルト・ニルソンほか（写真）『赤ちゃんの誕生』二三頁。
(9) 大日向雅美　一九八八『母性の研究』川島書店。
(10) 川井尚・大橋真理子・野尻恵・恒次鉄也・庄司順一　一九九〇　母親の子どもへの結びつきに関する縦断的研究―妊娠期から幼児初期まで―　発達の心理学と医学　一（一）九九―一〇九頁。
(11) 川井尚・庄司順一・恒次鉄也・二木武　一九八三　妊婦と胎児の結びつき―SCT-PKSによる妊娠期の母子関係の研究―　周産期医学一三、二二四一―二二四六頁。
(12) Condon,J.T. 1985: The Parental-Foetal Relationship-a Comparison of Male and Female Expectant Parents. Journal of Psychosomatic Obstetrics and Gynaecology, 24, 313-320.
(13) 室岡一・越野立夫・高橋亘　一九八三　胎児期の母子相互作用　周産期医学　一三、二一三三―二一三七頁。
(14) Shirley,M.M., 1931: The first two years: A study of twenty-five babies. Vol.1. Postural and locomotive development. Institute of Child Welfare Monograph. No.7. University of Minnesota Press；落合正行（訳）　発達の段階　矢野喜夫・落合正行　一九九一『発達心理学への招待―人間発達の全体像をさぐる』サイエンス社。
(15) Sylva,K. & Lunt,I., 1982: Child Development : A First Course. Basil Blackwell. p.85.
(16) Fantz,R.L., 1961 The origins of form perception. Scientific American, 204, 66-72.
(17) Snow,C.E. & Ferguson,C., 1977: Talking to children: Language input and language acquisition. Cambridge University Press.
(18) Steiner, J., 1979: Human facial expression in response to taste and smell stimulation. In H.Reese & L.P.Lipsitt (Eds.) Advances in Child Development and Behavior, 13, 257-295.
(19) Condon,W.S. & Sander,L., 1974: Neonate movement in synchronized with adult speech: Interactional perception and language aquisition. Science,183, 99-101.

(20) 岡本夏木　一九八二『子どもとことば』岩波書店。
(21) 伊藤克敏　一九九〇『こどものことば』勁草書房。
(22) ジョン・ボウルヴィ　一九七六（黒田実郎・大羽泰・岡田洋子　訳）『母子関係の理論I　愛着行動』岩崎学術出版。
(23) 岡本依子　二〇〇三　発達段階にみる友だちづくりの変化――幼児期・小学校下学年　児童心理増刊4月号　金子書房。
(24) ジーン・レイヴ&エティエンヌ・ウェンガー　一九九三（佐伯胖　訳）状況に埋め込まれた学習――正統的周辺参加――　産業図書。
(25) Gottman,J.M. & Krokoff, L.J., 1989: Marital interaction and satisfaction: A Longitudinal view. Journal of Consulting and Clinical Psychology, 57, 47-52.
(26) 菅野幸恵　二〇〇一　母親が子どもをイヤになること：育児における不快感情とそれに対する説明付け　発達心理学研究、一二、一二―二三頁。
(27) 岡本祐子　二〇〇二　高齢社会における発達の視点　本明寛（監修）『最新・心理学序説』一一七頁。

第3章　自分の性格を見直す
——性格心理学からのアプローチ——

酒井　厚

1　アルバイト先での出来事

大学一年生のヤマダさんは、遅刻寸前でアルバイト先であるレストランにやって来た。

「ふー、危ない危ない」と言いながら笑顔で控室のドアを開けると、何やら重たい雰囲気が漂っている。

「さっきすぐに拭いといてっていったでしょう！　なんですぐにやらなかったのよ！　転んじゃったじゃない！　こんな汚れた格好じゃお客様の前に出られないでしょう！　だいたいあなたはこの間も……」。

二週間前に入ったばかりのヨシコさんに、店長がひどく怒鳴り散らしている。

ヤマダさんは、落ち込みながら床を掃除しているヨシコさんに近づいて声をかけた。

「大丈夫ですか？　水こぼしちゃったんですか？」

「こぼしたのは店長なんですけど、私が頼まれたのにすぐに拭かなかったから店長が転んでしまったんです。急いで食事を運ばなければいけないお客さんがいたものだったのでついそちらを優先してしまって。私が悪いんです。気が利かなかったから……」

「僕でもそうしたと思いますよ。お客さん待たすわけにいかないですからね。店長はほんとヒステリーなんだよなあ。たいしたことないことですごく怒るし、僕なんか昔やったミスのことを今でもチクチク言われるからね。だいたいこの場合は逆ギレだし。気にすることないですよ」

「ヤマダさんも怒られることがあるんですか？」

「しょっちゅうですね。まあ、そういうの全然気にしないですけどね」

「いい性格ですね。うらやましい。私、A型だからそういうのすごく気にしてしまうんです。ヤマダさんてO型でしょう？」

「そう。よく皆に言われるんだよ。どうしてかなあ」

ヨシコさんは笑いながら掃除を続けた。


ヤマダさんのおかげでヨシコさんは元気を取り戻したようだが、このようなちょっとしたトラブルは普段の生活で少なからず経験することである。家の中でのきょうだいげんかや、恋人との待ち合わせ時間の行き違い、会社での上司とのトラブルなどなど、挙げ出せばきりがない。そのような場合に、自分を含めてだれがどんなふうに感じ、考え、行動したかは、その人の性格に大いに依存している。例えば、ヤマダさんはやさしい性格だから気を遣って声をかけてあげた、ヨシコさんは引っ込み思案でおとなしい性格だから反論できなかった、店長はヒステリーでネチネチした性格だから自分の非を認められなかった、などである。

このように、私たちは普段あまり意識しないところで、自分や周囲の人の性格を考える機会を得ている。エピソードにおけるヤマダさんとヨシコさんの会話のように、人の性格についての話題はいつだって盛り上がるものである。

私たちは、自分と同じような性格の人を見つけて驚き、自分と全く違う性格の人に会ってまた驚く。人の行動をダイナミックに演出するこの「性格」は、長い間にわたって心理学者の心を魅了し続けたくさんの研究がなされてきた。本章では、この「性格」をめぐる様々なテーマを扱う性格心理学について紹介する。

2 性格の分類

今少しだけ時間をとって、あなたが家族や友人や恋人と一緒になって、だれかの性格について話しているときのことを思い出してみてほしい。

「アルバイト先にほんと細かい人がいるんだよ。あの人は絶対A型だよ」「あの人、末っ子って感じするよ。お調子者で甘えん坊だもの」「彼は昔のことをいつまでもねたんでしつこいよ。ああい

う の粘着気質っていうんだな」……。

これらの例に見られるように、私たちはだれかの性格を表現するときに、何らかの基準を設けていないだろうか。最初の例では、私たちに最もなじみ深い血液型が基準として使われている。次の例では「末っ子」というきょうだい序列が基準となっており、これも普段使われることの多いものであろう。最後の粘着気質は、後でお話する専門的な分類基準であるから知っている人はかなりの通かもしれないが、それはさておき、私たちはある基準を用いて人の性格を分類し、複数のタイプ（血液型であればA・B・O・AB型の四タイプ）で説明しようとしている。こういった考え方を、心理学では「類型論」と呼んでいる。

ここでは、心理学が性格をどのように仕分け、解釈しようとしているかについて紹介しよう。

●性格を分類する基準とタイプ：ギリシャ時代から続く発想

心理学が、性格を分類する一つの基準として体質を考えてきたというと驚くかもしれない。ましてや体型を基準にするなどというと、「そんなことはあるはずがない」というなかばお叱りめいた意見もきかれる。しかし、私たちが普段の会話で楽しんでいる血液型による性格判断は、まさに血液という体内の物質を基準としており、また先ほど述べたように性格の判断を行動や態度を手がかりにしていることを考えれば、その根源である身体に注目するという発想は、あながち的外れではないとも言える。

体内の物質を基準として性格を分類しようとする試みは、実に二世紀のギリシャ時代にまで遡ることができる[1]。その頃は、体内には血液・胆汁・黒胆汁・粘液の四種類の体液があり、そのどれが体の中で優勢に働いているかによって性格が異なると考えていた。例えば、血液が優勢な多血質の人は、快活で気が変わりやすく、世話好きな性格と思われていた。他には、胆汁の優勢な胆汁質（せっかち・意志が強い・短気など）、黒胆汁の優勢な憂うつ質（用心深い・消極的・悲観的など）、そして粘液の多い粘液質（粘り強い・冷静・勤勉など）という計四つのタイプで説明されたのである。もちろん、今のような高度な科学技術があったわけではないので、この説が科学的根拠のあったものかどうかといえばそれは怪しい。しかし、この発想があったからこそ、その後も身体と性格との関連を見出そうとする多くの研究が積み重ねられることになったのである。ギリシャ時代に端を成すこの（身体因論的）発想は、ヒトゲノム時代を迎えた現代に至り、脳内の神経伝達物質や遺伝子という基準から性格を捉えようとする試みへと受け継がれている。

●血液型で性格は判断できるか

人の性格を分類する基準といえば、まず挙げられるのが血液型であろう。わが国で血液型による性格判断が考えられるようになったのは、一九三〇年前後の古川竹二による学説からであるといわれている[1]。教育学者であり心理学者であった彼は、その当時、日本に導入されたばかりのＡＢＯ式の血液型に注目し、「体液の違いは気質（性格）の違いに反映される可能性がある」と考え、血液型による性格特徴の個人差や、職業適性についての自説を展開した。しかし、古川が血液型と性格との関連を調べた当時には、統計的な手法がまだ発展しておらず、彼らが収集したデータの解釈は主観的であると言わざるをえないものであった。つまり科学的な根拠のあるものではなかったということである。

現代の心理学では、このような血液型による性格特徴の個人差を調べる場合に、次のような手順を踏んでいる。まず、各血液型（A・B・O・AB型）の人たちに自分の性格特性を尋ねるアンケートやテストを行う。性格特性とは、「やさしさ度」とか「社交性度」とか「短気度」などのように、人に備わっていると考えられる性格の要素のことである。これらの各要素に対して、例えばA型の人はB型の人よりも「やさしさ度」の得点は高いが「社交性度」の得点が低い、といった具合に得点を比較する。そしてその得点差が、偶然に生じる程度の差なのか、偶然にはほとんど生じ得ない意味ある差なのかを統計により判断するのである。

さて、現代心理学がこのような方法から導き出した結論は、今のところ、「世間で思われているような血液型と性格との関連は支持できない」というものである。三〇〇〇人以上もの人を対象とした大規模なアンケートを四回も行った結果がそれであるのだから、まず間違いはないと言えるだろう[(2)]。しかし、そうであるにもかかわらず血液型と性格との関わりを信じる傾向は今でも根強い。これは、血液型と性格についての話題が他者との会話の糸口となり、関係性を親密にする効果が認められるからであると思われる。先ほどのエピソードでのヤマダさんとヨシコさんの会話を見ても、血液型と性格についての話題があればこその雰囲気作りであった。ちなみに心理学では、しっかりとした根拠がないのに、血液型と性格の関連を信じようとするその信念を「血液型ステレオタイプ」と呼んでいる。興味深いことに、この血液型ステレオタイプの強い人は、そうでない人に比べて人付き合いが好きで、誰かと一緒にいたがる傾向が強いことがわかっている(1)。「あなたの血液型は何ですか」よりも、「あなたは血液型で性格が異なると思いますか」のほうが、よほどその人の性格の一面を知ることができるということであろう。

●プロの観察眼

いよいよ体型と性格について話そう。それにしてもなぜ体型に注目することになったのか。体型を基準として人の性格を分類したことで有名なのは、クレッチマーというドイツの精神科医である(3)。身体の不調により来院する患者の場合、例えばそれが風邪であれば「のどが痛い」とか「熱がでる」などの症状を訴えられる。しかし、精神病で来院する患者の場合は、診療やカウンセリングのときにも自分の悩みをうまく表現できず、質問に答えてくれないことが少なくない。そのため、精神科医や臨床心理士にとって、体型の変化や顔の表情をよく観察することは、患者がここ数日どのような生活をしてきたのか、今日の調子はどうであるのかなど、患者の状態を把握するのに非常に重要なのである。つまり、プロとしての観察眼が磨かれていく必要があるのである。

クレッチマーがその鋭い観察眼から見抜いたのは、精神病と体型との関連であった。彼は「躁う

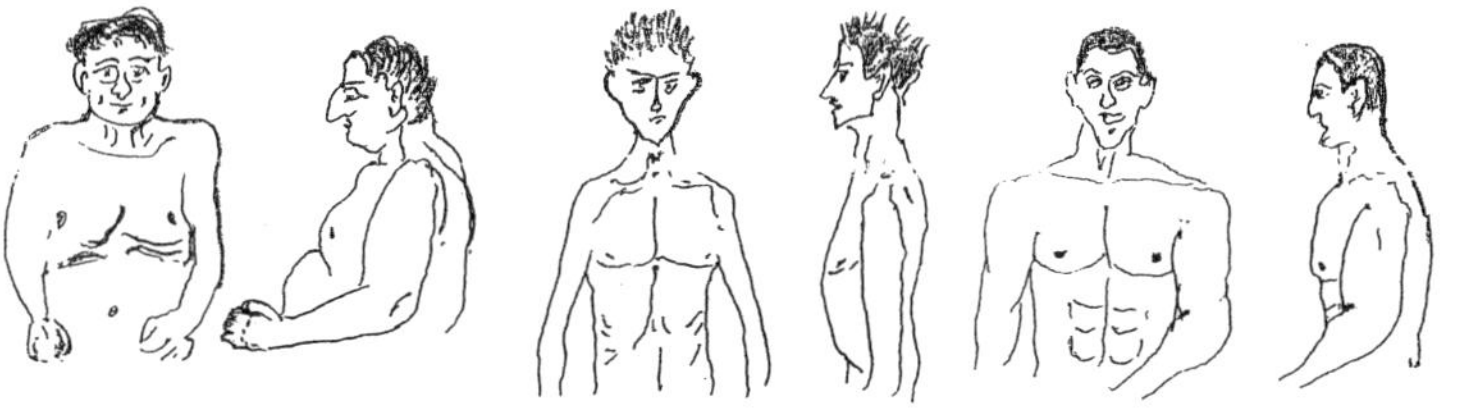

図3—1　3つの体格型[3]

つ病」の患者には太り型の人が多く、「統合失調症（以前は精神分裂病と呼んでいた）」の患者にはやせ型の人が多いことに気がついた。ここで「躁うつ病」とは、ひどく落ち込んで食事ができなくて眠れないうつの状態と、気分が異常に高揚して誇大妄想がひどくなり、ひたすら喋り続ける躁の状態を一定の期間行ったり来たりする病気である。また「統合失調症」とは、妄想や幻覚などに長い期間（六ヶ月以上）襲われる病気である[4]（第1章も参照）。

　彼は、自分の仮説（精神病と体型との関連）を科学的に実証しようとして次のような研究を行った。まず、人の体型はどのようなタイプに分けることが可能であるのかを調べるため、実に八〇〇〇人にものぼる患者に身体測定を行った。からだ全体の大きさや形はもちろん、顔の表情（形や色）や体毛の特徴、性衝動などについても調査し、人間の体型は大きく、①顔の血色が良く恰幅のよい肥満型、②色白でやせている細長型、③あごが発達し角ばった印象のある闘志型の三つに分類されると考えた（図3—1参照）。その後、この三つの体型を基準として精神病患者の体型を調べてみたところ、「躁うつ病」患者の六割強が肥満型であり、「統合失調症」患者のほぼ半数が細長型であり、彼の仮説が正しいこと

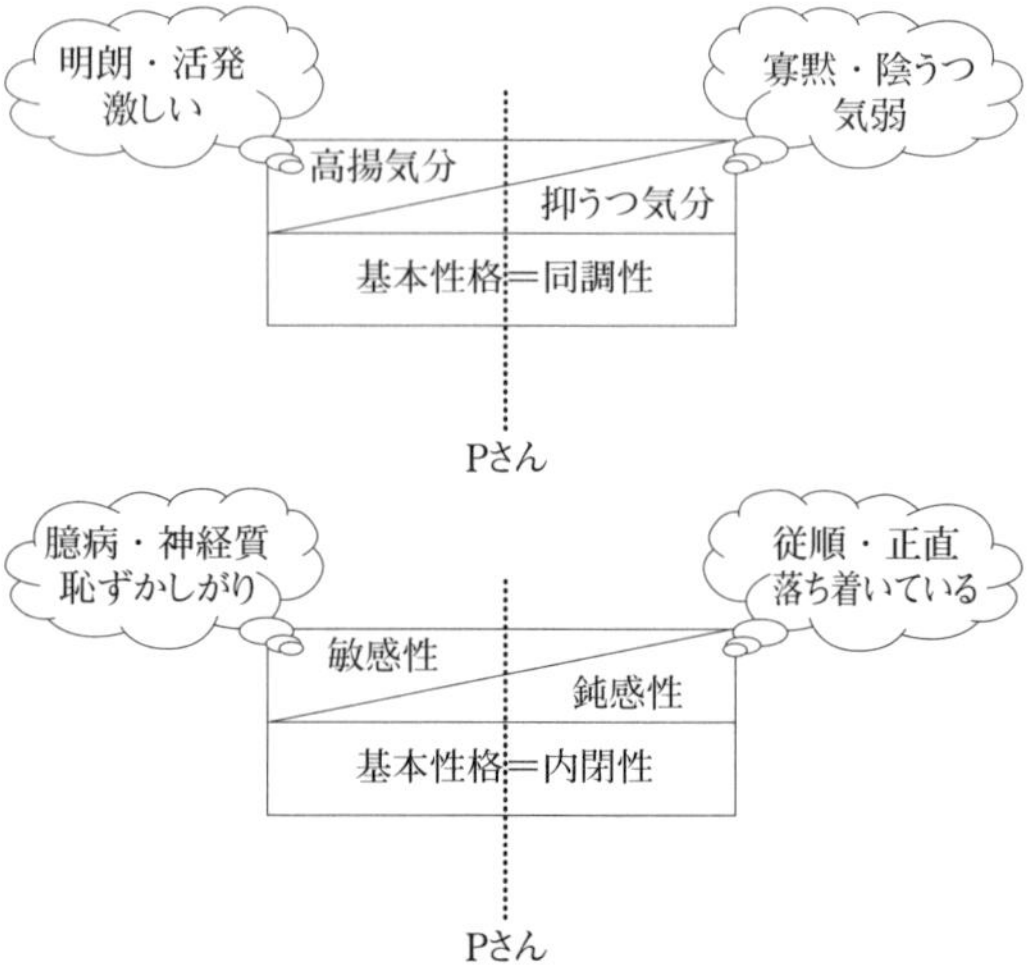

図3—2　循環気質(上)と内閉気質(下)の構造((5)を改変)

が証明されたのである。

精神病と体型との間に関連があるとわかったクレッチマーが次に目をつけたのは、精神病患者の発病前の性格と体型との関連であった。ひたむきな調査の結果、「躁うつ病」患者と「統合失調症」患者とでは病前の性格が異なることがわかり、肥満型の人に多くあてはまる性格を循環気質、細長型の人に多い性格を内閉気質と呼んで区別した。例えば、図3—2にあるような循環気質のPさんがいたとしよう。この人は基本的には温厚で親切、社交的な性格である(これを基本性格と呼ぶ)。しかし、循環気質の人は、時には高揚した気分(点線が左の方に移動)になり、時には反対に抑うつ気分(右の方に移動)になることがあるという特徴をもつため、そのぶんの性格の幅を設けており(付随性格と呼ぶ)、この基本性格と付随性格の二つで、循環気質の人の性格を表現しようと考えた。

さて、クレッチマーの研究では精神病や性格との関連がなかった闘士型についてであるが、その後の研究で「てんかん症」という病気と、粘着気質との関連が強いということがわかっている。(6)「てんかん症」とは、過度なストレスを受けることにより、からだの感覚が麻痺したりけいれん発作が起こる病気である。また粘着気質とは、几帳面で凝り性、整理整頓が得意、待ち合わせ時間に正確、習慣や義理を重んじ自分に厳しいなどの他に、頑固で融通が利かない、話や仕事がまわりくどい、要領が悪いなどの特徴をもつ性格である。

このように、クレッチマーをはじめとする複数の研究者によって体型と性格との関連がわかってきたのであるが、この発想自体は、先ほどお話ししたようにギリシャ時代から続くものであり真新しいものではない。それでもクレッチマーらが性格心理学史上の重要な存在と考えられているのは、長いあいだ経験則でしか言われなかった体型と性格との関連を、科学的に実証しようとしたからなのである。

●性格の個人差をいくつかの特性で表現する

ここまでは、人の性格をある基準をもとに分類し、いくつかのタイプで表現しようと試みてきた。しかし、実際の性格は多様であることから、個人の性格を固定的なタイプで表そうとすると矛盾にぶつかることが少なくない。例えば、先ほどの体型のタイプで個人の性格を表すと、細長型の人は、静かで、まじめで、どちらかといえば非社交的という特徴になる。しかし実際には、普段もの静かで穏やかだけど、誘われたコンパや飲み会には毎回必ず出席するという人がいるだろう。この人の体型がやせていても太っていても、どちらの体型の性格にも矛盾するところがでてしまうのである。そこで人の性格を測るには、無理にタイプにあてはめようとするよりも、その人の「静かさ度」、「まじめさ度」、「社交性度」など一つ一つの性格要素として捉えたほうがより実際的なのではないかと考える一派が現れた。心理学ではこのような性格要素のことを「性格特性」と呼び、それに基づいて人の性格を捉える考え方を特性論という。

●アメリカ心理学者の根性

「一人一人の性格は、個々の性格特性の測定値の総和である」とは、特性論者として名高いオールポートの言葉である。それではこの性格特性とはいったいどのようなものであろうか。先ほどまでの類型論者の場合には、ある自分なりの基準（血液型や体型）を設けてそこからタイプを作り、それに見合った性格についてのみ相手にしていればよかった。しかし特性論者の場合は、この世に存在するすべての性格特性を相手にしなければならない。以前、講義の一環で約一〇〇名の学生に思いついた性格語をできるだけ多く書くようにお願いしたところ、たった五分程度の間に、一人平均して二〇種類以上の表現が挙げられた。この例から考えるだけでも、私たち人類がこれまで考えてきた性格特性を全て網羅するなどというのは途方もない話である。これから紹介するのは、この途方もない作業に挑んだ三人のアメリカ人特性論者の話である。

彼らの目的はただ一つ、世の中にある性格特性をすべて把握し、それらをできるだけ少ない数の代表的な性格特性としてまとめあげることである。そこで、初代であるオールポートが注目したのは辞書であった。彼はウェブスターの辞書から「明るい」、「さみしい」、「見栄っ張り」などの人間の行動や態度に関することばを一万七九五三語抜き出した。(7) ちなみに表3—1は、日本の心理学者が「広辞苑」から抜き出した性格表現用語の一部である。(8) 名詞や形容詞、動詞など実に多様であることがわかる。

オールポートは、これらの性格語を複数の性格特性グループ(共通特性と呼ぶ)にまとめあげ、それらの特性と本人の身体状況や知能などの情報から、その個人の性格を総合的に分析する心誌(サイコ・グラフ)というものを作成した。このサイコ・グラフは、形を変えてわれわれの生活に深く関わるものとして存在している。現在、私たちは自動車免許を取得するときや就職の際に性格判断テストを受けることがある。このテストに基づく性格プロフィール(例えば図3—3のようなもの)を基にして、自動車の運転に向いているか、その就職先に適正な性格であるかどうかが判断される。サイコ・グラフとは、この性格プロフィールの原型なのである。

続く二代目は、オールポートの研究をさらに科学的に洗練させ、因子分析という統計手法を用いることでより客観的に性格特性リストを作成しようとしたことで有名である。(9) 因子分析とは、例えば七五個の性格特性が自分にどの程度あてはまるかを一〇〇〇人にアンケートしたとして、その一

表 3—1　心理学者が「広辞苑」から収集した性格表現用語（(8)から一部抽出）

名詞（100語/539語）

いい加減	照れ屋	世話好き	人好き	穏やか	にぎやか	紳士
けち	真面目	単純	無口	感情的	タフ	威厳
ひたむき	人任せ	忠実	野蛮	気品	中途半端	狂気
ひねくれ者	前向き	努力家	乱暴	怒りん坊	アバウト	型破り
ひょうきん	大胆	ひ弱	冷淡	変り者	オーバー	勝手気まま
まぬけ	不器用	ふしだら	几帳面	ひがみ	気さく	マニアック
わがまま	忘れん坊	まめ	行動的	ろくでなし	皮肉屋	利己的
シャイ	愉快	ものずき	率直	楽観的	朗らか	一匹狼
意地っ張り	良心的	やんちゃ	ナルシシスト	不親切	変	どじ
引っ込み思案	一途	ヒステリー	泣き虫	無関心	好き嫌い	気前
臆病	気紛れ	リーダシップ	強がり	立派	柔軟	
甘えん坊	凝り性	意気地無し	正直	出しゃばり	知性	
三日坊主	口下手	気楽	短気	デリケート	本能的	
弱虫	内向心	軽はずみ	うっかり者	ロマンチスト	利口	
純情	社交的	お調子者	温和	下品	ナイーブ	

形容詞（45語/539語）

意地悪い	涙もろい	ずる賢い	珍しい	てごわい	小憎らしい	えげつない
忘れっぽい	子供っぽい	腹黒い	鈍くさい	愛くるしい	つれない	こやかましい
未練がましい	面白い	暗い	卑しい	うさんくさい	ふてぶてしい	疎い
明るい	力強い	気高い	ういういしい	物珍しい	手厳しい	
頼もしい	激しい	いじらしい	熱い	湿っぽい	ちょろい	
憎たらしい	男らしい	愛らしい	柔らかい	浅ましい	めざとい	
用心深い	厚かましい	甘っちょろい	か弱い	すばやい	安い	

副詞（20語/37語）

あっさり	きっぱり	ほのぼの	はっきり	きちんと	のびのび	のろのろ
さっぱり	ちゃっかり	ほんわか	こつこつ	さばさば	悠然と	ひっそり
はきはき	てきぱき	のんびり	うじうじ	ぼんやり	きりっ	

動詞（35語/103語）

開き直る	悔しがる	警戒する	感じ取る	悩む	投げ出す	引き下がる
むかつく	怒る	当り散らす	考える	はぐらかす	和む	さらけ出す
もったいぶる	ひがむ	のめり込む	焦る	冷かす	ものおじする	こき使う
威張る	早とちりする	おじけづく	めげる	歪む	つけこむ	高ぶる
騒ぎ立てる	張り切る	ちゃかす	利口ぶる	とぼける	抱え込む	わるびれる

複合語（34語/113語）

我慢強い	調子に乗る	要領がいい	口が堅い	口が悪い	正義感の強い	格好をつける
気が弱い	口がうまい	心の広い	恩着せがましい	手に負えない	口がうるさい	血も涙もない
気が短い	行き当たりばったり	頭が固い	人を立てる	調子がいい	手を抜く	屁理屈をこねる
気が利く	情けない	喧嘩早い	粘り強い	気が散る	親しみ深い	腰が低い
執念深い	腹が黒い	口が軽い	頭が切れる	真に受ける	揚げ足を取る	

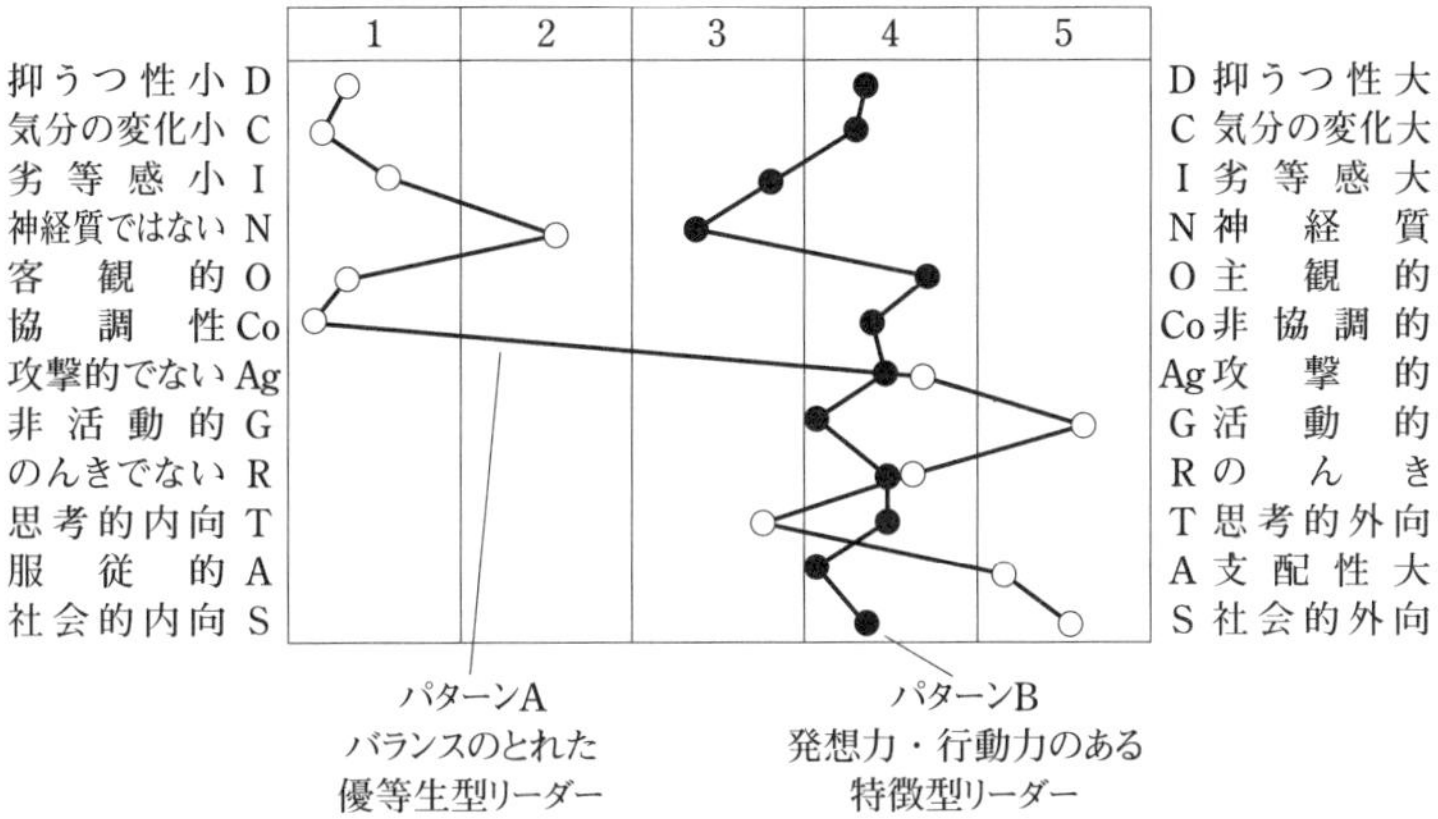

図３—３　Y-Gテストによる２つのリーダー型の性格特性(10)

〇〇〇人による回答パターンを基にして七五個の性格をなるべく少数の仲間グループにまとめあげていくというものである。この手法を用いて最後に残った一三の特性は、この二代目の名前をとったギルフォード性格測定検査となっている。わが国では、文化的な背景から一二の特性を測定する尺度（Y—G性格検査）に改良され、「ちょっとしたことが仕事の邪魔になる」のような一二〇個の質問に対して、「はい」「いいえ」「どちらでもない」で回答するようになっている。(10)個人の回答結果は、図3—3の性格プロフィールとして視覚的に表現される。

各特性の内容は上から順に、

「抑うつ性：陰気で悲観的な気分の程度」
「気分の変化：気分の変わりやすさや不安定度」
「劣等感：自信の欠如や自己の過小評価度」
「神経質：心配性であることや傷つきやすさの程度」
「客観性：空想的であるかや主観性の程度」

「協調性：不満感や不信感、疑い深さの程度」

「攻撃性：攻撃性や衝動性の程度」

「活動性：心身両面での活発度」

「のんきさ：気軽さの程度」

「思考的外向性：物事をあまり深く考えない大ざっぱさの程度」

「支配性：社会的な指導性やリーダーシップの程度」

「社会的外向性：社交性の程度」である。

Y―G性格検査は職業適性テストとして使用されることが多く、職種や会社内での役割ごとに望ましいとされる性格プロフィールが研究されてきた。図3―3に示した二つのプロフィールは、優秀なリーダーであればこうあるべきと望まれる典型例である。パターンAは、情緒的にも安定し、積極的でリーダーシップを伴う優等生型リーダーのものである。一方パターンBは、情緒不安定なところがあるものの、楽観的でやわらかい思考の持ち主であり、孤独に強く行動が積極的な特徴をもつリーダーと解釈される。さて、あなたの今の上司はどちらの性格パターンだろうか。もしくはあなたが就職（転職）するとしたら、どちらの上司を望むだろうか。

性格特性の抽出にさらにこだわった三代目のキャッテルの研究は、心理学がいかに地道で根気のいるものであるかを教えてくれるものである。[11] そこで、少し細かくなるがその努力の過程を紹介しておこう。彼はまず、オールポートらの研究方法を踏襲し、辞書から四五〇〇の性格に関する用語を抜き出した。それらを一六〇の特性要素にまとめあげ、それに他の心理学者が考えていた一一の特性要素を加えて一七一語の特性要素とした。さらにこれを先ほどの因子分析によって三五個の特性（表面特性と呼ぶ）にまとめた。さらにさらに、この三五個の特性を様々な実験や調査を基にしてまとめあげる努力を続けて、一二個の特性（根源特性とする）とすることに成功したのである。その後も三代目は、カウンセリングや心理療法における患者の行動観察や、アンケートを用いた研究、実験状況における個人の行動観察などを通じて、人の性格特性を探る飽くなき探求を続け、最終的な根源特性を一六個とした。アメリカ性格心理学者の系譜を受け継いだ彼の地道な作業は、16ＰＦ（一六人格因子質問紙法検査）という性格テストとなり、今日の臨床現場を支えている。[12]

●類型論と特性論を統合する

さて、ここまで類型論と特性論の話をしてきたが、両者には当然ながら長所・短所がある。たとえば、類型論では個人の性格を総合的に評価したタイプとして大きく捉えることはできる。しかしある個人の性格特性が複数のタイプに該当してしまうことがあることは無視することになり、大雑把な捉え方であることは否めない。反対に、特性論では個人の性格を複数の側面からより細かく詳しく知ることはできるが、総合してどんな性格なのかというその個人の全体像を把握することは難しい。

イギリスの心理学者であったアイゼンクは、この類型論と特性論のそれぞれの長所を活かそうと

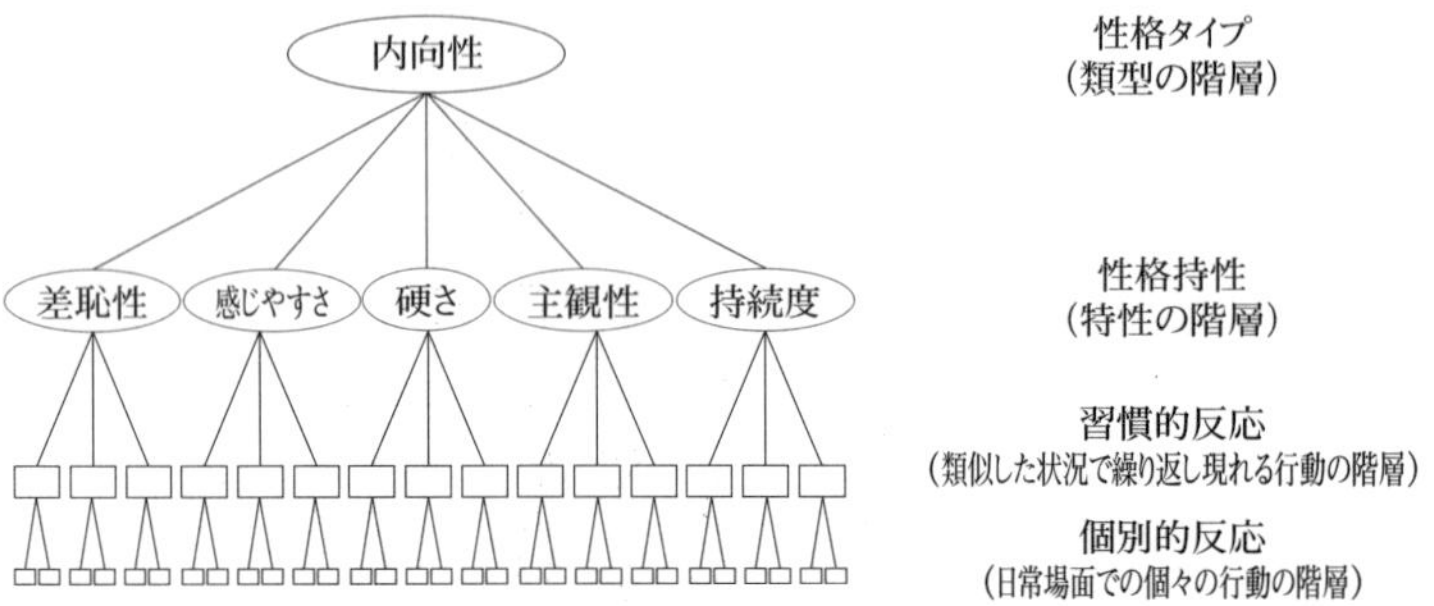

図３―４　アイゼンクの階層構造（(13)を改変）

考えた[13]。彼は、人の性格というのは、図3―4のように四つの階層構造から成り立っていると考えた。各階層を「恥ずかしがる」という行動から考えてみよう。一番下の個別的反応にあるのは「授業中に先生に指されて答えるときに恥ずかしがる」とか、「クラスの皆の前で何か発表するときに恥ずかしがる」という行動そのものである。これが、授業中に答えるとかクラスの皆の前で話すといった「集団の中で目立つことをするという状況ではいつでも恥ずかしがる」ということになると、その上の習慣的反応となる。そして、集団の中で目立つことをする状況に限らず、たとえば初対面の人に会う場合にモジモジしてしまったりするのは、その人は様々な状況や場面で「恥ずかしがる」という特性があるということになり、「羞恥性」という性格特性の強い人となる。さらに、この「羞恥性」以外に「感じやすさ」や「硬さ」といった性格特性が伴う人の場合には、「内向性」の強いタイプ（類型）となる。アイゼンクは、このような考え方のもとに、神経症的傾向因子（情緒安定―不安定）、向性因子（外向性―内向性）、精神病性因子の三つの類型因子を用意した。

アイゼンクによるこの統合論は、その後の性格心理学に大きな影響を与え、彼の考え方を基にした性格を測定する質問紙が数多く作られることとなった。後に紹介するビッグ・ファイブ尺度もその一つである。

また、アイゼンクは性格タイプと健康との関連についても興味深い研究を行っているので紹介しておこう。[14] 従来から、健康を害しやすい性格タイプがあることが認められており、心臓病（特に心筋梗塞）と関連が深いのはタイプA性格（怒りっぽくて攻撃的）と呼ばれ、癌に罹りやすいのはタイプC性格（感情をあらわにするのを無理に抑え込み、絶望感や無力感になりやすい）と呼ばれている。どちらの性格タイプにも共通するのはストレスへの対処が上手でないことであり、前者はストレスに対して過度に攻撃的に反応し、後者はあきらめて丸ごと受け入れてしまう。ちなみに、精神的に健康な人はタイプB性格と呼ばれている。アイゼンクは、心臓病や癌に罹りやすいこの二つの性格タイプの人を対象にして、一般的にこれらの病気の主因と考えられているタバコの有害性の是非を問う研究を展開した。その結果、タバコの有害性はもちろんあるものの、性格タイプやストレスのほうが、はるかに癌や心臓病のリスク要因として重要だとわかったのである。この結果から考えるに、無理な禁煙はストレスを生むことになるため、健康を害しやすい性格タイプの個人にはかえってリスクを高めることにつながるのかもしれない。

●選ばれた五因子

何かを分類したりまとめたりするのに、「三」や「五」という数字は都合が良いのであろうか。学校の成績は三段階か五段階であることが多いし、テレビで見るヒーロー物の多くは三人か五人で隊をなしている。性格についても、先ほどのアイゼンクが三因子であったのに対して、最近注目されているのは五つの性格因子、その名もビッグ・ファイブである。

欧米で作成されたビッグ・ファイブ尺度は、瞬く間に様々な国で翻訳され、わが国でも、文化的背景を考慮した内容に若干変更されながら、オリジナルとほぼ同様な五つの性格因子になる尺度が作成されている(15)。

第一の性格因子は「外向性」である。この「外向性」は、いつの時代の性格分類にも必ず顔を出すものである。内容としては、人との関係などで外界に積極的に働きかけるか、そうでないかの次元である。質問としては、「元気がよいと人に言われる」や「他人と比べると話し好き」などが挙げられ、これらにあてはまるほど外向性であり、あてはまらないほど内向性である。

第二の性格因子は「協調性」である。これは、周囲の人に同調し共感しやすいか、それとも自主独立の道を進むほうかの次元である。質問として挙げられるのは、「思いやりがあるほうだ」や「いつも人の立場にたって考えるようにしている」などであり、あてはまるほど協調性が高い。

第三の性格因子は「勤勉性」である。様々な物事に対して、明確な意志や目的のもとに取り組めるかどうかの次元である。「どちらかというと徹底的にやるほうだ」や「筋道を立てて物事を考え安定であると考えられる。

第四の性格因子は「情緒安定性」である。この因子は、精神的に安定しているかどうかとともに、自分の身に起こりうる危機への敏感さも特徴として含まれる次元である。「くよくよ考え込む」や「こまごまとしたことまで気になってしまう」などの質問であてはまるほど、その個人の情緒は不安定であると考えられる。

第五の性格因子は「知性」である。これは経験を広く取り入れ、判断する能力に関する次元である。「他の人と比べると、物事の本質が見抜けるほうだ」や「他の人より洗練された考え方をするほうだ」などの質問にあてはまるほど知性が高いとされる。

以上の五因子が、現在のところ、人の性格を分類するのに最も適切な考え方であるとされている。しかし、クレッチマーらの類型論や、オールポートに代表される特性論、そしてアイゼンクの統合論がそうであったように、このビッグ・ファイブ理論もまた、いつかは新しい理論に取って代わられることであろう。次は性格を分類するどのような理論が誕生するのであろうか。個人の性格を知ろうとする心理学者の努力は今後も続いていくのである。

3　性格の成り立ち

「小さい頃、僕はとても恥ずかしがりやで人見知りするほうだったんです。親戚の家に遊びに行くときも、ずっと親のそばにいてモジモジしていましたし、学校でクラス替えになったときもなかなか新しい友達を作れない、授業中に手を挙げることなんてとんでもないって感じだったんです。僕には三つ上の姉がいるんですが、姉は社交的で友だちが多い人だったんです。ちょっと元気すぎるなあと思うところはありましたが、両親とも『子どもは元気なほうが良い』と考えていたようで、姉がちょっとぐらいやんちゃをしても笑って許していました。親は僕にも外で元気に遊んでほしいと思っていて、よく姉が野球やサッカーに行くときに、一緒について行かせようとしていました。姉も『男の子なんだから』とか言って一生懸命やらせようとしました。でもスポーツはあまり得意ではなかったし、一緒にいる友だちとも仲良くできなくて、結局、姉もいつまでたってもやる気のない僕を面倒くさくなったらしくて、そのうち連れて行こうとしなくなりました。親もあきらめたという感じでした。ところが、小学校六年生になったばかりだったと思うんですが、身長が急に二〇センチくらい伸びて一七二センチになったんですね。そうしたら学校ではとても目立つ存在になってしまうし、先生も『お前は背が高くて見栄えがするから』とか訳のわからない理由で生徒会長に勝手に推薦するし、とにかく人目につくことをやらされるようになったんです。おまけにクラスメイトも、僕のことをスポーツの代表選手に推薦するようになったりして。でも不思議なことに、最初は嫌で嫌で仕方がなかったんですが、そのうち楽しくなってきたというか、自信がついてきたというか、やればできるじゃんと思うようになってきたんですね。人間てすごく不思議だなあと思うんですが、そう思えると何となくできてしまうもんなんですね。それからというもの、人前で何かをすることが楽しくなっていって、友人とバンドを組んで文化祭とか大会に出るようになって……。あの小学校のときの経験がなければ、今の僕はなかったと思います。」

このエピソードには、主人公（有名バンドのボーカル）の性格が、成長に伴い変化していった様子がうまく表わされている。あなたは、彼の性格が変化したのはどうしてだと考えるであろうか。性格心理学ではこのような性格の変化（形成）に影響する要因として、①周囲に存在してその人に働きかける人や状況といった環境（環境要因）、②その人が生まれながらにもつ性格の「素」のような遺伝や気質（個体側要因）、③それら二つの要因から形成される性格が自分にとって好ましければそれを続け、そうでなければまた変えようとする自分の意志（自己形成力）の三つを考えている。

●性格の形成に影響する環境とは

表3―2は、性格形成に影響すると考えられる環境をリストアップしたものである。[16][17] 私たちは、生後まもなくからこれらの環境に身を置き、生涯を通じて周囲の人と関わり合いながら多くのことを経験している。なかでも幼少期の環境要因の変化は劇的であり、性格の形成に大きな影響を及ぼす時期である。家族や友人があなたにどう接するかはもちろんだが、彼らがあなたに「こうであってほしい」とか「こうしてもらいたい」と期待することが、あなたの行動や態度に反映されて、あなたの性格形成に影響するのである。以降では、乳児期から児童・思春期にかけて彼らが接する親、きょうだい、友人との関係に注目し、それらの関係がどのように性格形成に影響するのかについて

表 3 — 2　子どもの性格形成に影響が予想される環境要因（(16)、(17)を改変）

①養育者のパーソナリティ	養育者がどんな性格であるのかなど
②養育者の精神的な安定度	ストレス度や身心の疾患の有無
③養育法	授乳形態、スキンシップの方法や頻度、離乳やトイレット・トレーニングの時期や方法、基本的生活習慣（寝る・食べる・着るなど）の獲得のさせ方、社会的ルール（規則・道徳）の獲得のさせ方、感情表現（怒り・甘えなど）に関するしつけなど
④養育態度・養育行動	子供とのコミュニケーションの際に親が示す態度や行動（温かいか冷たいか、放任的か過干渉気味かなど）
⑤養育者の教育的・文化的水準	教育や教養の程度、教育観や子ども観などの信念
⑥家庭の社会経済的地位・社会階層的地位	養育者の就労の有無、職種、収入、居住条件など
⑦家族構成・家族関係	核家族か多世代居住か、きょうだい数、出生順位、夫婦や親子、嫁姑など家族内の人間関係のあり方（役割分担の仕方や勢力関係など）
⑧友人・親友・異性の存在	発達段階ごとの友人関係や、友人集団における地位や勢力関係など、異性関係要因も含まれる
⑨学校	学校の制度的要因、教育方法と内容、教師との関係性、学級集団での暮らし、学校内での仲間関係など
⑩職業（青年期以降）	勤務先、業種、収入、職場での地位や人間関係など、（アルバイトを含む）
⑪居住地域	都市部、郊外、村落地域、伝統的地域のいずれかなど
⑫所属する会社が持つ社会文化的要因	言語、法律、社会制度、教育制度、マスメディア、宗教、様々なステレオタイプ的価値観
⑬自然環境	地理的要因、気候的要因、ダイオキシンなどの環境汚染物質にさらされているかどうかなど

考えてみよう。

●親のしつけをめぐる議論

性格が温厚でやさしい人に接すると、「親の育て方がよほど良かったのだろう」と考えるのは人の常である。反対に、意地悪でわがままな性格の人の場合には、「親の顔が見てみたい」などと陰口をたたかれ、その人の親まで非難の対象となってしまう。

親の養育態度（しつけ）が子どもの性格形成に影響するという議論は、二〇世紀初頭から続く歴史あるものである。当時活躍していたフロイトは、子どもの発達段階ごとに、親の養育態度の質が子どもの性格形成に与える影響についての自説を展開した。彼の理論はけっして実証的な知見に基づくものではないが、例えば生後八ヶ月〜三、四歳ぐらいでは、親がトイレットトレーニングのしつけに手間取ると、子どもは几帳面で頑固な性格（これを肛門期性格と呼ぶ）になると考えたのであった[18]（第1章参照）。その後、親の養育態度が子どもの性格形成の主因となる考え方は多くの研究で取り上げられることになり、親による統制が強い子どもは正直者で自意識が強く内気であり、親が放任主義であればその子どもはあまり言う事をきかず攻撃的で独立心が強いなど、子どもの性格形成と養育態度の関連を示すことが支持されたのであった[19]。しかし、親の養育態度と子どもの性格との関連を調べれば調べるほど、両者の関係はそれほど単純ではなく、複雑な要素がからみ合っていることがわかってきたのである。

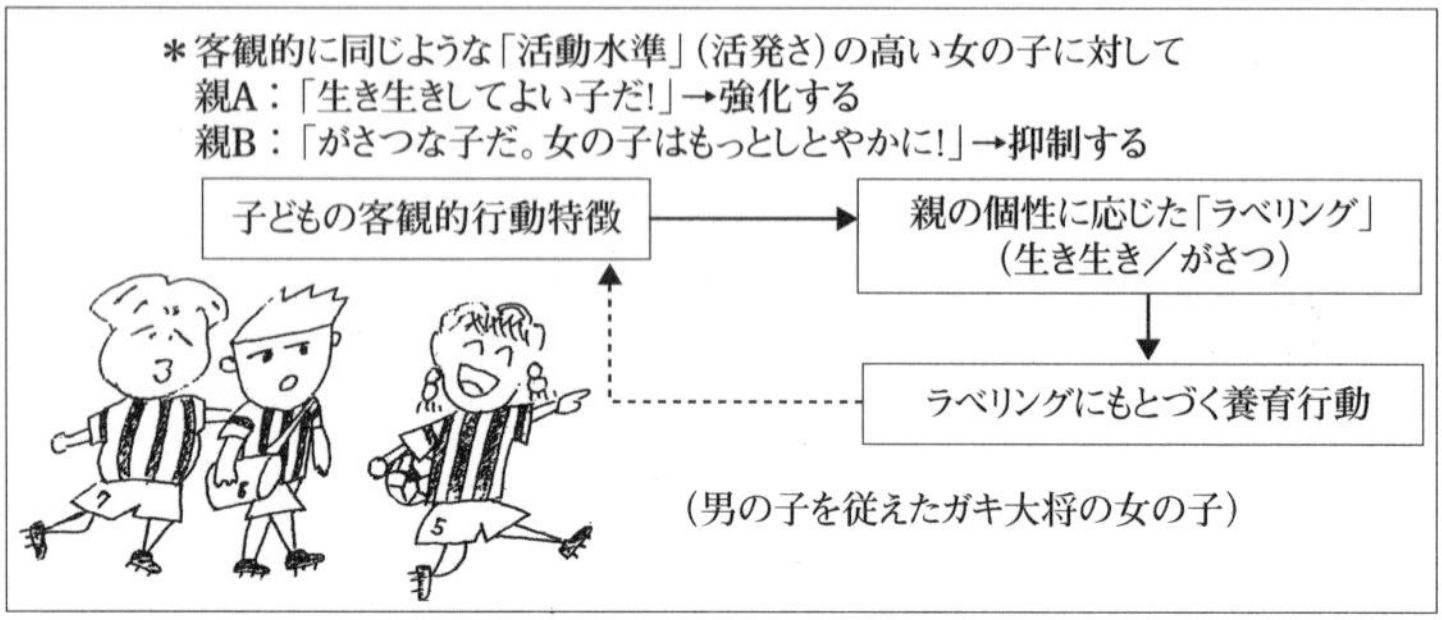
＊客観的に同じような「活動水準」（活発さ）の高い女の子に対して
親A：「生き生きしてよい子だ!」→強化する
親B：「がさつな子だ。女の子はもっとしとやかに!」→抑制する
子どもの客観的行動特徴
親の個性に応じた「ラベリング」
（生き生き／がさつ）
ラベリングにもとづく養育行動
（男の子を従えたガキ大将の女の子）

図３—５　子どもに対する性格イメージのラベリング（(16)を改変）

第一に、親の養育態度は一方的に親が供給するものとは限らず、子どもの個性に親が反応した結果であることが少なくないということである。たとえば、おとなしい弟にうるさく言うことはないが、元気すぎて落ち着かない姉にはどうしても注意することが多くなってしまう。また、この養育態度が、親自身の持つ価値観や子どもに対する期待を反映していると考えるのも重要である。図3—5は、二人の考え方の違う親が、自分の子どもの行動をどう捉え、どう対応するかを図式化したものである。男の子を従えるほど元気でやんちゃな娘に対して、親Aのほうは元気こそ子どものトレードマークと肯定的であり、「うちの子は生き生きして良い子だ！」と捉える。一方、親Bのほうは、女の子はおとなしいほうが良いと伝統的な性役割観が強いため、「がさつな子だ。女の子はもっとおしとやかに！」と子どもの行動を否定的に捉えるのである。このように親の価値観や子どもに対する期待から生じる捉え方を「子どもに対するラベリング」と呼ぶが、その結果、親の養育行動が異なることは明らかである。[16]

第二に、子どもの性格形成に影響する要因は、親の養育態度の他にもたくさんあり、それらすべてが重要だという点である。表3—2に示した各種の環境要因や、この後説明する個体側要因などがそれにあたる。最近では、親が子どもの性格形成に影響を与えるとしてきたこれまでの研究結果を吟味し直して、「子どもの性格形成には、これまで考えられてきた親の存在もたしかに重要であるが、それとともに、児童・思春期での仲間集団との体験もまた重要である」と主張する研究者も現れ始めている。[20]

この節のはじめに、性格が温厚でやさしい人は親の育て方が良く、反対に意地悪でわがままな性格の人はそうではない、というようなことを書いた。これはけっして子どもの場合に限ったことではない。いい大人をつかまえても、同じ様に考えてしまいがちである。私たちは心のどこかで「人の性格を決めるのは親のしつけ次第」と思っている節があることは否定できない。しかもしつけの担い手と考えられるのは母親であることが多い。「三歳までは母親が家にいて育てないと子どもの発達によくない」といった「三歳児神話」などはその典型であろう。このような社会的通説は、男女共同参加型社会を目指しつつある今の日本でも根強く残る信念であり、子育て真っ最中の母親にとって大きなプレッシャーとして、彼女達を追い込むことにつながっていく。先に紹介した実証的な知見の数々は、この母性信仰を考え直す必要性を訴えるものとしても重要なのである。

●きょうだい役割：短大生八六人のしろうと理論から

親や友人以外に、子どもの性格形成に影響を与える存在として忘れてならないのがきょうだいである。きょうだいによる性格の違いについては心理学も関心をもって取り組んできた。その中で、小学校高学年から中学生の母親を対象に、自分の子どもの性格が長子と次子によってどのように異なるかについて調査した結果について見てみよう。二〇年間のうちに三度行ったこの調査で共通して見出されたのは、長子的性格が「慎重」「ひかえめ」「めんどくさがり」であり、末子的性格が「甘ったれ」「依存的」「お調子者」「やきもち焼き」「活発」「知ったかぶり」であった。[21][22]これらの性格は、二〇年間という長い期間において、世代を超えて普遍的に表れた特徴であるという点で興味深い。それでは、この調査からおよそ二〇年経った現在はどうであろうか。対象者や調査の方法が異なるので直接の比較はできないのだが、筆者による研究を参考までにご覧いただきたい。

八六人の女子短大生（一八〜二〇歳）に「きょうだいと比べて自分はどんな性格か」という質問に自由に回答してもらった。彼女らが書いた文章から抜き出した二四一の性格語を、似ているもの同士でまとめていき、最終的に一〇個の特性グループにまとめあげた。

表3―3には、一人きょうだいと三人きょうだいの各場合で、出生順位ごとの各性格語への回答者頻度が示されている。ここでは一つの例として、「忍耐力のある」について一緒に見てみよう。表3―3を見ると、忍耐力があるのは二人きょうだいの長子と、三人きょうだいの長子・中間子であることがわかる。どうやら忍耐力は、下にきょうだいのいる「上の子的性格」と考えられるよう

表３―３　きょうだい構成と出生順位による性格の違い

	二人きょうだい		三人きょうだい		
	長子（15人）	末子（30人）	長子（19人）	中間子（９人）	末子（13人）
マイペースな	20.0％（3人）	10.0％（3人）	21.1％（4人）	0.0％（0人）	15.4％（2人）
協調性のある	26.7％（4人）	10.0％（3人）	31.6％（6人）	33.3％（3人）	15.4％（2人）
忍耐力のある	46.7％（7人）	10.0％（3人）	31.6％（6人）	55.6％（5人）	15.4％（2人）
わがままな	13.3％（2人）	10.0％（3人）	26.3％（5人）	22.2％（2人）	23.1％（3人）
甘えん坊な	6.7％（1人）	23.3％（7人）	5.3％（1人）	0.0％（0人）	7.7％（1人）
要領が良い	0.0％（0人）	16.7％（5人）	0.0％（0人）	55.6％（5人）	30.8％（4人）
内向的な	20.0％（3人）	16.7％（5人）	15.8％（3人）	11.1％（1人）	7.7％（1人）
慎重・神経質な	40.0％（6人）	16.7％（5人）	26.3％（5人）	11.1％（1人）	30.8％（4人）
不真面目な	6.7％（1人）	36.7％（11人）	5.3％（1人）	11.1％（1人）	15.4％（2人）
大ざっぱな	0.0％（0人）	23.3％（7人）	10.5％（2人）	0.0％（0人）	23.1％（3人）

である。同様な感じで他の性格語についても見てみると、やはり長子に「慎重で神経質な」者が多く、末子に「甘えん坊な」性格の者が多いようである。

それでは、このようなきょうだいによる性格の違いはどのような原因によるのであろうか。これまでの研究から、それは親の養育者としての経験値と、親による子どもへの役割期待であると考えられている。長子（上の子）の場合、親にとっては初めての子育てであるから、育て方が手探りの状況であり、子どもが泣けばすぐに駆けつけるといったぐあいに慎重に、丁寧に扱う傾向がある。そのため、子どもが求めれば親はすぐにそばに来てくれるので、子どもは物音や不快なことに敏感に反応するようになり、少し「神経質な」性格になると考えられている。しかし、下の子が産まれると、親は下の子を相手にする必要性から、上の子がおとなしくしていることを望むようになる。そのため、上の子は親にかまってもらいたい気持ちを我慢することが身についていくのである。一方、下の子の性格についても、やはり親の子育てが関係しているらしい。親も子育てが二回目となれば、しっかりとコツをつかんでおり、手の抜きどころを覚えている。そのため、下の子は、親にそばにきてもらうには、上の子の時以上にアピールする必要があるのである。このような条件のもとであれば、なるほど下の子の方が活発で甘え上手になることは予想されることである。

さて、ここまでは「上の子か下の子か」による違いについて注目してきたが、「上の子でもあり下の子でもある」中間子の性格はどうであろうか。[23] 表3―3を見ると中間子に特徴的な性格として「要領の良さ」があげられるようである。それではこの性格はどのように形成されたのであろうか。回答した本人たちによる説明書きを見ると、「上の子としての役割も下の子としての役割も経験しており、きょうだいが自分に求めるものがわかったから」といった内容が多かった。つまり、自分以外の二人の仲がどうであるかを考え、求められている役割を理解してそれぞれに接しているうちに、要領の良さが身についたと考えているのである。

今回の調査のように、人はだれしも自分自身や他者に起きるある現象に対して、それがなぜ起きたのかについての自分なりの理論をもっている。社会学や心理学ではこれを「しろうと理論」と呼び、私たちの社会を成り立たせている個々人がもつ信念の体系として注目している。[24] この中間子の性格に関する彼女らの「しろうと理論」からわかることは、親が子どもに対するラベリングや子どものきょうだい序列による役割期待に基づいて行う養育態度とともに、子ども自らがきょうだいの中で果たすべき役割を見つけ、それを行動の規範として取り組んでいくことも、性格形成に大きな影響を与えるということである。

●友人関係の影響：ギャング集団と「スタンド・バイ・ミー」

家族である親やきょうだいとの付き合いが長くなるのは当然として、友人もまた、かなり幼い頃からあなたの周囲に存在している。もちろん、同一人物と永続的に関わるというよりは（なかには二〇年以上も付き合いのある幼なじみをもつ人もいるが）、成長に応じて流動的に変化するものである。それゆえ、友人との経験はバラエティに富み、子どもの社会性の発達や性格形成に大きな影響を与える可能性がある。その可能性が最も高まるのが、児童・思春期に形成されるギャング集団である。親によるラベリングやきょうだい役割による期待が、子どもの性格形成に影響を与えると先ほど説明したが、ギャング集団における役割と期待もまた、子どもの性格形成に非常に大きな影響を与える可能性がある。

ギャング集団は、数年にわたり継続するものであり、構成メンバーはそれほど流動的ではなく固定的である。メンバーには子どももそれぞれの個性を反映した特徴的な役割があり、他のメンバーからの期待によりその個性はさらに磨かれていく。スティーブン・キング原作の映画に「スタンド・バイ・ミー」がある[25]。アメリカの田舎町に住む悪ガキ四人組が死体探しの旅に出かける話だが、彼ら四人それぞれに、個性を反映した役割がうまく表現されていて興味深い。体も大きくて負けん気も強く、みんなの意見をまとめることができるクリスはリーダーとして、冷静で慎重なゴーディー

図3―6　ギャング集団の特徴と機能

は参謀として、無鉄砲だが好奇心旺盛なテディは仲間のやる気を高める存在として、臆病者だが気持ちのやさしいバーンはみんなをほっとさせる存在として、彼らの形成するギャング集団を維持するのに重要な役割を担っている。

ギャング集団はただの仲良し集団ではなく、そこでの経験を通じて社会性を学び、心理的な成長をうながす場である。そのため、一緒に楽しく遊ぶことばかりではなく、図3―6に示すような様々な特徴や機能が備わっている。なかでも、大人の社会さながらにあるルールや集団への忠誠心は重要であり、これらはいろいろな行為として試されることとなる。例えば、みんなでよその家の呼び鈴を鳴らして逃げたり（ピンポンダッシュ）、授業中に時間を決めておいてクラスメイト全員が一斉に筆箱を落として授業妨害したり、男子グループと女子グループに分かれていがみあったりすることなどは、比較的だれにも身に覚えのあることではないであろうか。このようにギャング集団内で決めたいたずらができなかったり、男子なのに女子と仲良くしていたりすると、集団の規律違反として仲間として認められなくなってしまう。このような行為の積み重ねが、個人の所属集団に対する思い入れを強め、集団の凝集性を高めていく。凝集性の高い集団内であるからこそ、そこで与えられる役割は価値と責任の重いものとなる。例えば、快活で負けん気が強いことで選ばれたリーダーも、集団を長く維持しようとするには、他のメンバーに共感することが必要であり、自分の欲求をコントロールし我慢するのが必要な場面が出てくる。ギャング集団では、その人の個性を伸ばす機会となると同時に、このようなメンバー間でのやりとりを通じて、新たな性格の形成をうながす機会が与えられることもあるといえよう。

「スタンド・バイ・ミー」の中の四人組も、彼らなりのルール（秘密基地に入るための暗号や順番を決めるための手段など）を作りあげ、凝集性を高め、互いの個性を受け入れ、刺激し合うことで成長し、次の発達段階へと進んでいった。特に主人公の……。

あまり書くとこれから観られる方に申し訳ないのでこの辺でやめておこう。

●性格の「素」のようなもの――遺伝と気質――

ここまでは、性格形成に影響する環境要因について見てきた。しかし、人の性格形成に影響するのは環境ばかりではない。現代では、脳機能の個人差やそれを司る遺伝子が人の性格形成に影響するのではないかと考えるようになってきている。この脳機能や遺伝子と最も関連の深いのが、気質と呼ばれるものである。気質とは、その人の身体的・生理的な状態を基盤として表れる生物的要素の強い個人差であり、その人自身が元々どんな性格になりそうであったかという、性格の「素」のようなものである。

それでは、この気質にはどのようなものがあるのであろうか。新しい性格理論が展開されている精神医学や神経生理学の分野で、最近最も注目されている四つの気質を紹介しよう[26]。

第一の気質は、「新奇性追求」と呼ばれるものである。これは、行動の活性化に関する次元であり、この気質が強い個人は好奇心旺盛で目新しいものに目がなく、衝動的であり、秩序や規則に合わせるのが苦手な面を併せもっている。例えて言うならば、新しくてスリルたっぷりなジェットコースターに目のない人とか、後先を考えずに直滑降で急斜面を滑り降りていく素人スキーヤーなどがあてはまるであろう。

次の気質は、「損害回避」である。これは行動の抑制に関する次元である。何事にも慎重で、自分のすることに対して自信が持てず、何か悪い結果になるのではないかと恐れいま一歩踏み出せないといった特徴がこれにあてはまる。また、慣れない物事や人に接する状況をなるべく避けようとする特徴も認められる。この気質の強い人は、試験前になると心配で夜眠れなくなったりするタイプであることが多い。

三つめの気質である「報酬依存」は、行動の維持に関する次元である。人間は、例えば成績が上がったり先生に褒められたりすることでと、また一生懸命勉強に取り組むように、何らかの報酬を受けるとその行動が強められる傾向がある。「報酬依存」の強い人は、この報酬効果に依存し、そ

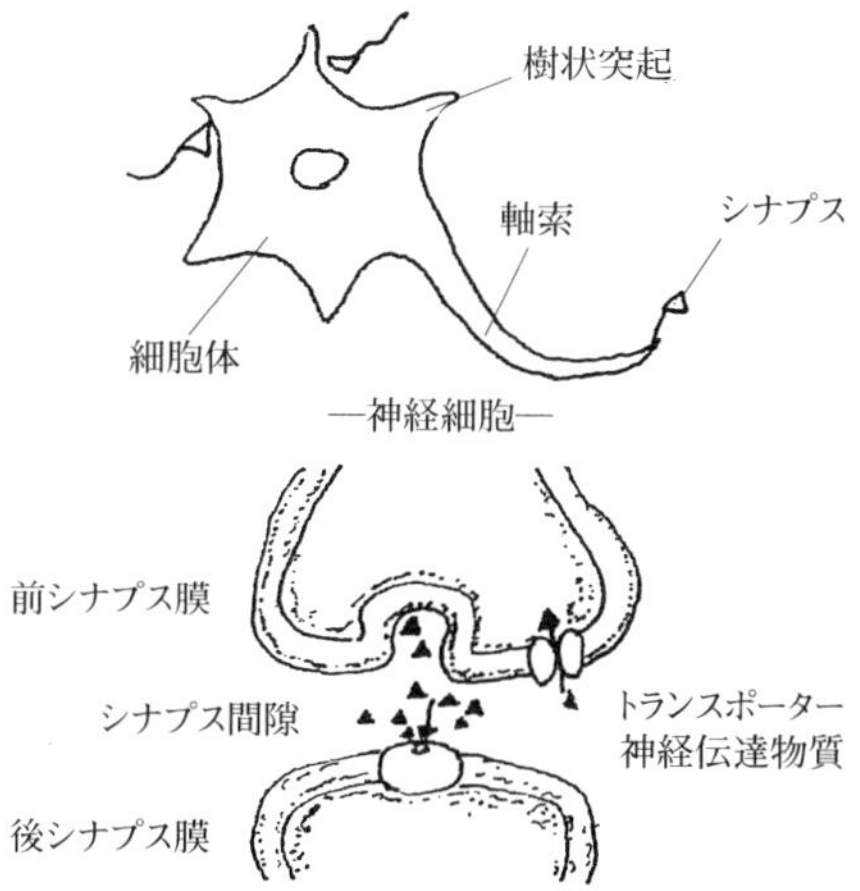

—神経細胞—

—神経伝達物質の放出と再利用のしくみ—

神経伝達物質はシナプス間隙に放出され、受容体に結合して刺激を伝達する。
過剰になった伝達物質は、トランスポーターによって前シナプス膜から神経終末に取り込まれる(27)。

図3—7　神経細胞とシナプス間隙

れに対して敏感に反応しやすい性格である。例えば、つらかったり悲しかったりするときにはいつでもだれかにいてもらいたいと強く思うタイプであり、他の人はそれほどでもない映画のワンシーンで激しく感動し泣いたりしてしまうような人である。

最後の「固執」という気質は、行動の固着に関する次元である。好ましく言えば何事に対しても我慢強く、そうでなければしつこいと表現される特徴である。物事や人に対してのこだわりをもつがあまり、目指す目標は常に高く（時に実力とは不釣合いなほど）、完全主義者である場合が多い。

先にも述べたとおり、気質というのはその個人の生物的要素が強く関わるものである。これまで考えられてきた身体的・生理的要因を超えて、クロニンジャーが生物的要素として注目したのは脳内の神経伝達物質であった。神経伝達物質とは、図3―7にあるように神経細胞と神経細胞の接点であるシナプスにおいて、両細胞の隙間となっている「シナプス間隙」を超えて信号（情報）を送る渡し船である。この渡し船にはいくつもの種類があるが、クロニンジャーによる研究以降、気質に関係しているのはどうやらドーパミン、セロトニン、ノルアドレナリンであることがわかってきている。この三つのどの渡し船が最もよく働いているか（つまり代謝が良いか）によって気質の個人差が形成されると考えられている。(27)

また、最近では行動遺伝学という分野が性格心理学と急接近しており、このクロニンジャーの気質と遺伝の関連性について研究されている。クロニンジャーが用意した気質の四次元のどれが遺伝と関わりの深いものであるかは、まだ断定できるほどには至っていない。しかし、科学技術の進歩とともに、よりミクロな世界から人の性格を知ろうとする試みは、ゆっくりではあるが確実に性格心理学の歴史を変えようとしている。

さて、ここまでの話から考えて、先のバンドボーカルの性格はどのような要因によって変化したと考えられるであろうか。主人公は、もともとは引っ込み思案で親の後ばかりついていくような性格であった。親やきょうだいの働きかけも、彼の性格を変えるのには十分な影響力があったとは言いがたい。彼の性格を変えたもの、それは学校における先生やクラスメイトであった。彼らが主人公にいろいろな役割を与え、期待したことが、彼を本来の引っ込み思案な気質とは違う積極的な性格へと変貌させることを可能たらしめたと思われる。

しかし、このように周囲の環境の力が強く影響したのだとしても、それだけでは大人になるまでその性格を維持することは難しい。周囲の期待はいつでもあるわけではないし、むしろねたまれてしまって、そういった役割が与えられなくなってしまうことも起きかねない。彼が、小学生のときに形成した性格を維持し、今華やかな世界でがんばっていられるのは、主人公が自分は人前で何かをするのが好きだと思い、人前で何かをする自分が好きになり、ずっとそうでありたいと思えたからである。性格が変わるかどうかには、その人が生得的にもつ気質、周囲の環境のほかに、「自分はその性格のままでいたい」という積極的な自己形成力が関わるものなのである。

4　自分の性格を見直す——まとめに代えて——

心理学では、人の性格をどのように捉えようとしてきたか、人の性格はどのような要因によって形成されると考えているのかについてお話してきた。ここまで、あなたは自分の性格について考えながらページをめくられたかもしれない。自分を見つめ直し認識することは、心理学の中でも特に「自己認知」と呼ばれる分野で研究されている。ここでは、この章のまとめとして、私たちが普段の生活の中で自分の性格を知るために、どのような手段を講じているのかについて紹介しよう。[28]
一番目の手段は「自己観察」と呼ばれるものである。これは、ここ数日の自分の行動や態度、及びそれが生じた状況を思い出して振り返ってみる作業である。例えば、昨日あんなにひどいことを言われたのに怒らないなんて自分は結構我慢強いんだなあとか、あんなに一生懸命やっている学生になんて嫌みなことを言ってしまったんだろう、自分はなんて陰気な奴なんだ、等と考えることである。

二番目の手段は、「他者によるフィードバック」である。これは、あなたの行動や言動に対しての周囲の反応から、自分の性格を認識するというものである。あなたは冷たい人だ、と言われたり、昨日Aさんが君のことを優しい人だって言ってたよ、など直接的もしくは間接的に他者から受けた自分の評価に基づいて自分の性格を考えることである。

三番目の手段は、「社会的比較（他者比較）」である。自分の周囲にいる人と比べて自分の行動や態度はどうか考え、あいつに比べると自分は落ち着いているとか、先のきょうだい役割で述べた学生のように、自分は弟と比べてやさしいとか、姉と比べて甘えん坊だ、などと認識することである。

さて、これらの自分の性格を知る手段を得た今、「あなたは自分をどんな性格だと思いますか？」と尋ねられたとして、あなたはどのようにお答えになるのであろうか。長い人生においては、ときに自分を振り返ってみることも必要であろう。今回お伝えしたことが、あなたが自分の性格を見直すきっかけとなり、この先の人生を実りあるものとすることに少しでも役立てば幸いである。

引用文献

（1）　詫摩武俊・瀧本孝雄・鈴木乙史・松井豊　共著　一九九〇　性格心理学への招待――自分を知り他者を理解

するために　サイエンス社。
（2）松井豊　一九九四　分析手法からみた「血液型性格学」　詫摩武俊・佐藤達哉（編）　現代のエスプリ　血液型と性格　至文堂、三二四、一一四―一二〇頁。
（3）クレッチマー・E　一九五五（相場均　訳）『体格と性格』　文光堂。
（4）American Psychiatric Association　二〇〇二（高橋三郎・大野裕・染矢俊幸　訳）『DSM-IV-TR　精神疾患の分類と診断の手引』　医学書院。
（5）丹野義彦　二〇〇三『性格の心理――ビッグファイブと臨床からみたパーソナリティ』　サイエンス社。
（6）Sheldon, W.H. & Stevenson, S.S., 1942: The varieties of temperament: A psychology of constitutional differences, Harper & Row.
（7）オールポート・G・W　一九三七（詫摩武俊・青木孝悦・近藤由紀子・堀正　共訳）『パーソナリティ　心理学的解釈』　新曜社。
（8）村上宣寛　二〇〇二　基本的な性格表現用語の収集　性格心理学研究、一一、三五―四九頁。
（9）Guilford, J.P., 1959: Personality, McGraw-Hill.
（10）八木俊夫　一八八九『Y-Gテストの診断マニュアル――人事管理における性格検査の活用』　日本心理技術研究所。
（11）キャッテル・R・B　一九八一（斉藤耕二・安塚俊行・米田弘枝　訳）『パーソナリティの心理学　改定版』金子書房。
（12）井沢秀而　一九八二『日本版16PF人格検査手引』　日本文化科学社。
（13）Eysenck, H.J., 1947: Dimensions of personarity. Routledge & Kegan Paul.
（14）アイゼンク・H・J　一九九一（清水義治・水沼寛・永島克彦　訳・監訳）『たばこ・ストレス・性格のどれが健康を害するか』　星和書店。

(15) 辻平治郎　一九九八『5因子性格検査の理論と実際——こころをはかる5つのものさし』北大路書房。
(16) 菅原ますみ　二〇〇三『個性はどう育つか』大修館書店。
(17) 東　洋　一九八一『知能テスト論　講座　現代の心理学4　知能と創造性』小学館。
(18) フロイト・S　一九六九（懸田克躬・吉村博次　訳）『フロイト著作集第5巻　性欲論　症例研究』人文書院。
(19) Symonds, P.M., 1939: The psychology of parent-child relationship. Appleton-Century.
(20) ハリス・J・H　二〇〇〇（石田理恵　訳）『子育ての大誤解——子どもの性格を決定するものは何か』早川書房。
(21) 依田明・深津千賀子　一九六三　きょうだい序列と性格　教育心理学研究、一一、二三九—二四六頁。
(22) 依田明・飯嶋一恵　一九八一　きょうだい序列と性格　横浜国立大学教育学紀要、二一、一一七—一二七頁。
(23) 浜崎信行・依田明　一九八五　きょうだい序列と性格（二）—三人きょうだいの場合　横浜国立大学教育学紀要、二五、一八七—一九六頁。
(24) 有光興記　二〇〇一「あがり」のしろうと理論——「あがり」喚起状況と原因帰属の関係　社会心理学研究、一七、一—一一頁。
(25) ソニー・ピクチャーズ・エンタテイメント　一九八六『Stand By Me』
(26) 木島伸彦・斉藤令衣・竹内美香・吉野相英・大野裕・加藤元一郎・北村俊則　一九九六　Cloninger の気質と性格の七次元モデルおよび日本語版 Temperament and Character Inventry (TCI)　精神科診断学、七、三七九—三九九頁。
(27) 石浦章一　一九九七『脳内物質が心をつくる　心と知能を左右する遺伝子』羊土社。
(28) Shoneman, T.J. Reports of sources of the self-knowledge. Journal of personality, 1981, 49, 284-294.

第4章　わたしたちの常識を疑う社会心理学

尾見康博

1　はじめに

●会社員五年目、ある夜のさゆり

新幹線通勤のさゆり。今夜は、この時間にしてはめずらしく多くの人がこの電車に乗っていた。いつもなら、二人掛けの座席を一人で占有できるが、今夜は無理そうだ。やむを得ず、ノートパソコンで作業をしているビジネスマン風の男性の横に座った。さゆりも、いつものようにノートパソコンを取り出し、今日の営業活動の成果をデータベースに入力し始めた。データの入力が一段落して、ふと時計を見ると、いつもより作業時間がずいぶん短いことに気づいた。

「あら、今日は仕事がはかどったわ。でもどうしてかしら。隣でおじさんがキーボード叩いてたから？　今度から誰かの隣に座ることにしようかしら」

さゆりの降りる駅が近づき、彼女は席を立った。

改札を出て階段を下りると、夫が車で迎えに来てくれていた。

「今日の夕飯なに?」

「また野菜炒めだよ。ごめん」

「ううん。あなたの野菜炒め好きよ、私」

「ムリ言わなくてもいいって。ははは」

「ははは。ムリじゃないって」

さゆりは夫がいつも家事の一切をしてくれていることに本当に感謝していた。

ずいぶん女が強くなったとか、男女雇用機会均等法が施行されたとかいっても、今の日本はまだ男女平等にはほど遠いと思っていた。さゆりも男女平等を頭では理解していたつもりだったが、遠距離恋愛だったので、結婚するなら自分が仕事を辞めなければならないだろうと思っていたし、それが結婚を現実的に考えられない理由でもあった。別居結婚もあり得るが、それにあまり意味があるとも思えなかった。結婚したら、食器洗いやごみ捨てといったものは彼にお願いするにしても、家事の中心は自分が担わなければいけない、そのためには、新居は自分の職場のそばである必要があると思いこんでいたのだ。それに、かりに自分の職場のそばに住んだとしても、平日は仕事でいっぱいいっぱいなのに、そもそも得意でない家事をこなすことなどとてもできるとは思えなかった。

しかし、彼は、こともなげに「自分が家事をするから」と言って、彼女に新幹線通勤することを勧めたのだった。さゆりは、彼の柔軟な考えにいつも感心していたし、そこが彼の一番好きなところだったが、そのときばかりはあまりの驚きとうれしさに、こみ上げてくるものを感じた。

会社では、さゆりが新幹線通勤をしていて、夫が家の近くに勤めていることを知る人はみな、「それは逆だろう」と言う。男女平等を自負する部長に至っては、冗談半分にせよ「君はそこまでして仕事がしたいのか。いやあ、感心、感心」などと言ってのける。

夫にその話をすると、彼は言った。

「夫婦で逆の場合を考えてみなよ」

「たしかに、『さゆりの旦那は偉いね』って女の友だちも言うけど、それに、私もそれを否定はしないけど、でも、夫婦の立場が逆だったら同じような言い方しないわよね。

そうそう、そういえば、こないだなんか、企画の会議で女性の意見が反映されていないことを私が指摘したら、部長が、あ、もちろん男だけど、部長が女性の意見も目一杯取りこんでいると言うと、女性社員までみんな部長の意見を支持しちゃって、ホントいやんなっちゃった。みんな本音では部長の意見なんか支持していないくせに」

さゆりのエピソードは、主としてジェンダーにまつわるものであった。ジェンダーとは、男と女という性差が社会的に構成された（つくられた）ものであるという考えから出てきた概念で、「社会的性」と訳されることもある。もちろん、体のつくりの基本的な部分は生まれつき違っているし、出産と授乳（人工乳除く）は少なくとも現在では女性にしかできないので、すべての差異が社会的に構成されているとは言いがたい。しかし、エピソードにあげられているように、固定的な見方を解きほぐしていくと、現代の日本で表面的に見られる男女の差のほとんどは社会的に構成されたものだと気づく。

社会心理学は、このように筋道を立てて一般常識の呪縛をときほぐす力をおおいに秘めている学問領域と考えることができる。しかも、さゆりのエピソードに対しても実に多様な角度からアプローチすることが可能である。

本章では、社会心理学の有名な実験や調査を紹介しながら、わたしたちのもっている常識が、いかにもろいものであるかについて見ていきたい。

2　わたしたちはいかに他人から影響を受けているか

●他者の存在

さゆりは、新幹線の車内で隣におじさんが座っていることでいつもより速く作業することができた。彼女のように、他者の存在によって行動が積極的になったり、成績が向上したり、上手にふるまったりするようになる現象は社会的促進と呼ばれる。

社会的促進に関する実験は、社会心理学の草創期になされている。この実験は釣り糸のリールを巻くスピードを調べる実験で、となりで同じようにリールを巻いている人がいる場合の方が、独りでリールを巻く場合よりもリールを巻くスピードが速くなった[1]。社会的促進にも二通りあり、リール巻きの実験やさゆりさんの例のように、同じ行為をしている他者の存在によるもの（共行為効果）と、他者がたんにそばに存在することによるもの（観衆効果）とがある。

しかし、その一方で、他者の存在によって成績が良くなるとは限らないし、速く作業できるとも限らない。他者の存在はときとして行動を消極的にしたり、作業能率を悪くしたりする。テストのときに試験監督にそばに立たれたとき、ジロジロ見られているような気がして集中できなかったといった経験をお持ちの方もいるだろう。これは社会的抑制と呼ばれる。

社会的促進と社会的抑制とは一見矛盾する概念であるが、この矛盾はのちにつぎのように説明されるようになった[2]。他者の物理的存在は個体の生理的喚起水準を高め、ある種の興奮状態となり、そのときにもっとも自然でスムーズな行為がいっそう生じやすくなる。そのため、単純な作業や簡単な課題の場合には、自然でスムーズな行為とは作業や課題をこなすこととなり、その結果、社会的促進が起こる。一方、複雑な課題や難解な作業の場合には、それらをこなすことは自然でスムーズな行為とはいえず、そのような行為をしないことの方が自然な行為となり、社会的抑制が生じるのである。また、社会的促進や社会的抑制は人間だけでなく、さまざまな動物や虫などにも見られるという。

●人助けをしない心理

他人がいることによって、人助けのような行為（援助行動）が抑制されることもある。一人の大人が路上で寝ころんでいる場面に出くわした場合、そこが都市の雑踏であるか人気《ひとけ》の少ない田舎であるかで、周囲の人間の対応が異なることがあるだろう。都市の雑踏だと、寝ころんでいる人がいることに気づいても、たいしたことはなさそうだ（他の人も何もしようとしてないし）、数多くの人の前で手をさしのべて失敗したら恥ずかしい、自分がしなくてもほかの人がするだろう、などと考えてしまいがちになる。その一方、人気のない田舎では、援助することのできる人間は自分だけだから、援助することをためらう余地があまりない。

都市の雑踏で、他者が存在することによって援助が抑制されたり、援助することにためらいが見られたりする現象は、傍観者効果と呼ばれる。周りに人がいないときよりいるときの方が、また、その数が多くなればなるほど、援助が抑制されたり、援助するまでの時間が遅れたりすることが一連の実験で明らかにされ、この現象は「責任の分散」と呼ばれる。[3] つまり、援助できる人間が一人きりである場合は、援助をする責任がその一人に集中するのに対して、複数いる場合には、その人数分だけ責任が分散するということである。

●自分の意志はどこまで貫けるか

これまでの話は、他者の存在が個人の行動にいかに影響を与えるかという話であったが、そこで

「Aと同じ長さの線分は，1，2，3のうちのどれか?」

図4－1　同調に関する実験課題

は他者は積極的にその個人に関与してはいなかったし、ことば（言語）が登場しない現象であった。そこでつぎに、ことばがそこに介在する場合について見てみよう。

私たちが自分の意見を決めたり表明したりするとき、他者の意見が大きく影響することがある。他者や集団の圧力によって、自分の意見や行動を集団の多数派の意見や行動に合わせてしまうことを同調と呼ぶ。同調に関する有名な実験では[4]、図4―1のように正答が簡単に得られる課題が用意され、周囲の他者（赤の他人）が先に誤った回答をした場合（集団圧力状況）に、人はどの程度影響を受けるかについて調べられた。その結果、誤回答をする他者（サクラ）が三名以上のときには、その誤回答に合わせる確率は三分の一までに上昇することがわかった。ただし、誤り方がバラバラの場合にはそのような同調傾向は見られなかった。すなわち、（三名以上の）集団メンバーの全員一致の意見によって、たとえその意見が明らかに間違いだったり的はずれだったりしても、同調が生じやすくなるのである。

個人の判断が他者の影響を受けるのは、正答がある場合に限らない。自動運動現象を利用した次のような実験がある[5]。自動運動現象とは、完

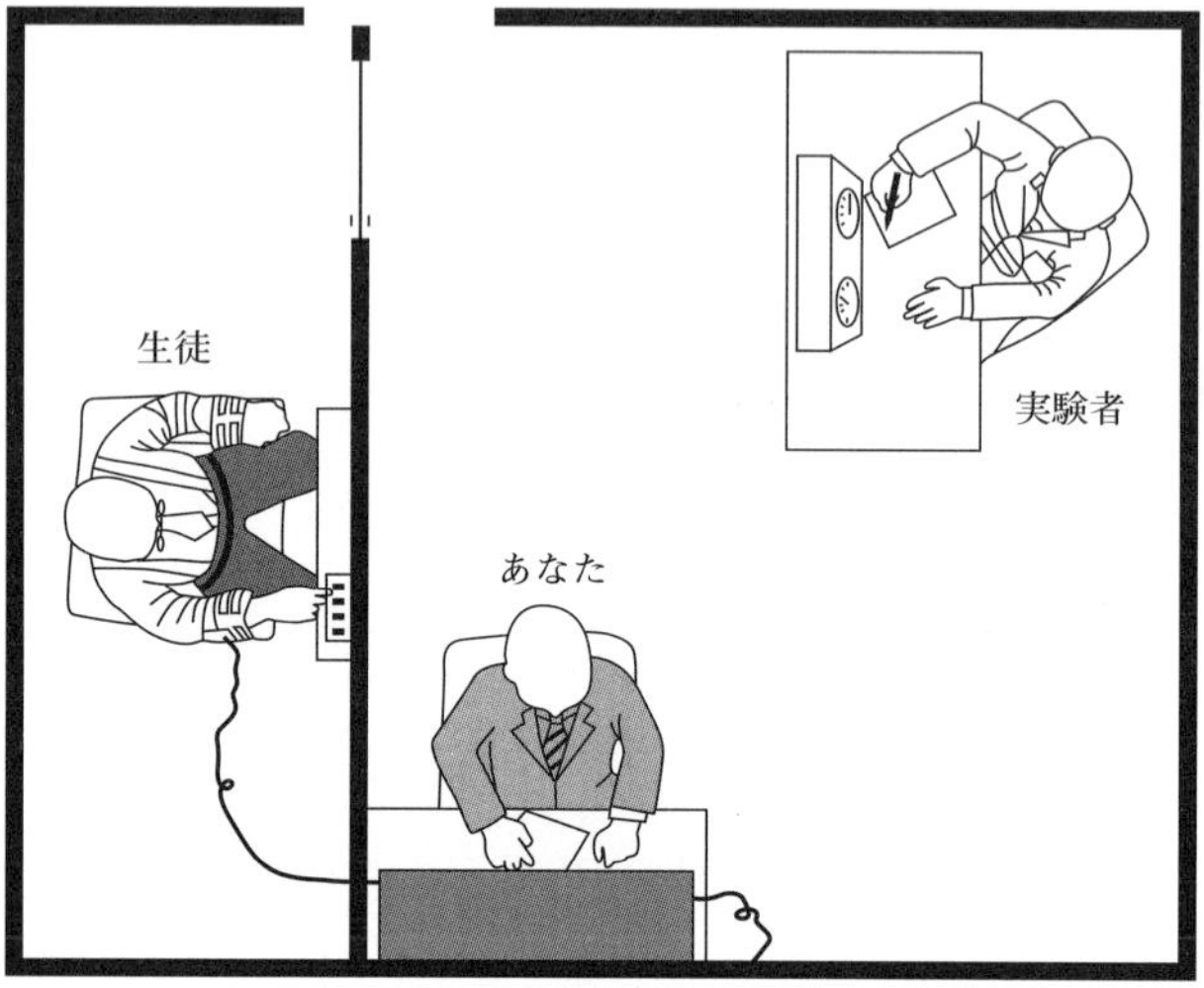

図4－2　実験者からの命令を受ける事態[6]

全な暗室の中で一点の静止した光を見ると、人はその光が動いているように見えるというものである。この実験で、実験参加者ははじめ暗室に一人で入り、その移動距離を複数回にわたって推定したが、その推定値は個人によってまちまちだった。しかしその後、他の参加者と同室の状況でやはり複数回にわたって移動距離を推定したところ、その参加者たちの推定値はだんだん似通ってきたのである。つまり、同室の他者の影響をお互いに受け合っていたということである。

ところで、自分の判断や意見は他人によってどの程度揺らぐものだろうか。線分の長さを判断する同調の実験では、他の意見を持つ人が周囲に多数いる場合に揺らぎ、自動運動を利用した実験では、判断対象が曖昧である場合に揺らぐということが明らかにされた。では、一人の

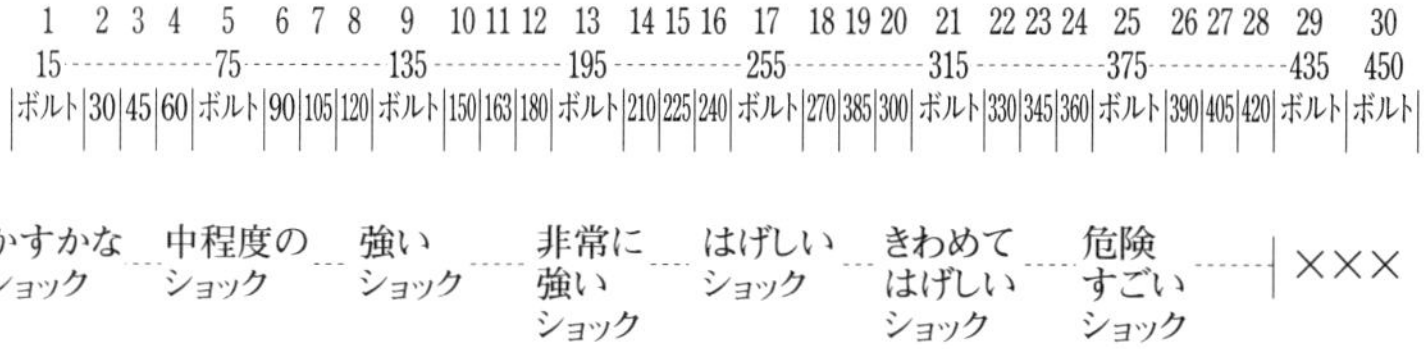

図4－3　送電盤の目盛り

権威のある人から命令を受ける場合はどうだろうか。次のような実験状況を想像してほしい（図4―2参照）。

あなたは、記憶と学習に関する実験に参加するため、ある実験室に赴き、もう一人の実験参加者とペアを組むことになった。くじ引きで教師役と生徒役を決め、あなたは教師役になった。生徒はある言語課題に対して一問ずつ答えるのであるが、隣の部屋にいる教師のあなたは、生徒が間違えたときには、電気ショックを与えるよう実験者から指示された。しかも、間違えるたびに、一段階強い電気ショックを与えなければならない。あなたの手元にある送電盤には図4―3のような目盛りがあるが、あなただったらどのくらいまで電気ショックを与え続けるだろうか。ちなみに、一五〇ボルト以降、生徒は悲鳴をあげて実験の中止を求め、三三〇ボルト以後は失神したせいか何の反応もしなくなってしまう。実験中にあなたが、電気ショックを送り続けるかどうか実験者に助言を求めたり、中止したい旨を申し出たりしたとしても、実験者は実験の継続を主張する。

この実験[6]はアイヒマン実験と呼ばれ、教師役の立場をナチスによるユダヤ人大量虐殺の責任者の一人であるアイヒマンの立場になぞらえて実施されたものである。アイヒマンは特殊な人間で極端に残虐非道な人間だったのか、あるいは特殊な状況のせいで残虐非道な行為に走ってしまったのか、という問いの答えを見出す実験でもあった。

アイヒマン実験の結果は驚くべきものであった。四〇人の実験参加者のうちのなんと六割もの人が、最大の四五〇ボルトまで電気ショックを送り続けたのである。

このように、権威のもとにおかれると、とくに残忍な人間でなくてももはや自主的な判断はできなくなり、残忍な行為をしてしまう可能性が高まってしまう。また、残忍な行為も自らの手によるものであるという感覚がなくなってしまうのである。

もちろん、自分の意見や判断は、その他の状況でも変わりうる。そもそも買うつもりのなかった商品を営業マンの話術に乗って買ってしまうなどということもあるだろう。

はじめに小さな要請を受け入れた（たとえば、営業マンに説得されて安価な商品を購入することにした）人は、何も要請をされていない人よりも、そのあとの大きな要請を受け入れ（高価な商品を購入し）がちになるといわれており、このプロセスはフット・イン・ザ・ドア法という説得技法の一つである。また、はじめに過大な要請を断った人の方が、何も要請をされていない人よりも、そのあとの小さな要請を受け入れがちになることもあり、これはドア・イン・ザ・フェース法と呼ばれている。いずれも、買わない（つもり）という事前の判断が、他者の説得によってくつがえる、変化する、という事例と見なすことができる。

3　集団のもつ意外な特徴

●集団は個人よりも無力？

線分の長さを判断する実験では、個人の判断が、少なくとも表面的には、一緒にいる多数の他者の判断から影響を受けるということが示されたが、この実験に登場する人たち（集団圧力をかけるサクラと実験参加者）を集団として考えると、集団というものの特徴の一側面を読みとることもできる。それは、集団の中に入ると、人は自分の意見が正しいと思っても表明しないことがあり、それどころか、間違っていると思う意見に同調してしまうこともあるということである。そしてこの事実は、一人よりも二人、二人よりも三人というように、集団のメンバーが増えればそれだけ集団としての間違いが少なくなるだろうという素朴な期待を裏切るものである。

それだけでなく、集団メンバー同士のやりとりは、個々の集団メンバーの能力の足し算以上のものを引き出すことはめったになく、集団メンバーのなかで最も優れている人の判断を採用しないことも珍しくないことが知られている(7)。このように、個々のメンバーが備えているさまざまな資質が十分に生かされずに損失が生じることはめずらしくなく、これはプロセスの損失とも呼ばれる。

プロセスの損失が生じる理由の第一に、社会的手抜きという現象が考えられる。集団全体で何か一つの解を見いだそうとする場合、あるいはなんらかの統一した判断を下そうとする場合、個人個人の努力や貢献の量が明確になるとはいえない。個々人の匿名性が高くなるのである。こうした状況では、自分が全力を尽くさなくても、それなりの結論が得られるなら、手を抜いてもいいだろうといった心理が働くのである。

その他の理由としては、優れた考えを持つメンバーが自分のアイディアを表明するタイミングを逃してしまうとか、その反対に別のメンバーの的はずれな意見に時間をとられてしまうといったことなどがある。さらに、自分の思いつきはメンバーには受け入れられないのではないか、バカにされるのではないかと思ってしまう（評価懸念）、といった理由も考えられる。こうした意味で、集団というのは予想以上に非効率な形態であることがわかる。しかし、たった一人の優秀な個人に頼り切ってしまうことは、集団にとって時に致命的な結果をもたらしうるので、一定の効率の悪さはやむを得ないと考える必要もあるのかもしれない。

また、集団で何らかの判断をしなければならない場合、集団としての判断が、個々のメンバーの意見がより強調されたものになりがちとなる。これは集団極性化現象と呼ばれる。

集団極性化現象を例証した実験(8)では、フランスの元大統領ドゴールに対して好意的な大学生、アメリカに対して非好意的な大学生に、それぞれ集団で討論をさせた結果、ドゴールに対する好意度は討論後にいっそう高まるのに対し、アメリカに対する好意度は討論後にいっそう低まることを明らかにした。このように、集団は過激な意見、極端な意見を抑え、穏健な結論を得るものだという常識に反して、ひとたび、その集団メンバーが同じ方向で意見を持ってしまうと、むしろ極端な結論を導きうるのである。

●敵はいとも簡単に作られる

つぎに、人が集団に属することによって生じる敵――味方というものの成り立ちについて見ていくことにしよう。

泥棒洞窟実験と呼ばれる実験(9)では、自分が所属している集団（内集団）と所属していない集団（外集団）に対する心理が人工的な集団を用いることにより例証された。実験は、一一、一二歳の少年たちの三週間にわたるサマーキャンプを利用して行われた。まず、少年たちは、キャンプ地である泥棒洞窟で一週間ほどの共同生活をした（内集団の形成段階）。少年たちは仲間意識が高まってきたが、そのころ同時に、隣のキャンプ地にもう一つの少年の集団が来ていることを知ることとなった。次に、実験者のはからいによって、この二つの集団のあいだで綱引きなどの競争的なスポーツがつぎつぎになされた（集団間対立の導入段階）。この段階で、それぞれの集団のメンバーは、自分が属する集団のメンバー同士では団結力が高まった一方、相手の集団に対して強い敵対心をもつようになった。集団内の雰囲気もがらりと変わり、集団規範（暗黙のルールのようなもの）や集団内での各メンバーの役割や地位が変化した。そして次に、競争心をあおるようなスポーツの代わりに、両集団が一緒になって映画を見たり食事をしたりする状況が用意された（集団間対立の解消段階一）。しかし、集団間のいがみ合いは解消されず、逆に残飯の投げ合いがなされるなど、むしろ敵対心を助長する結果となった。そこで最後に、飲料水タンクが故障したり、食料供給車がぬかるみにはまったりするなど、両集団が協力しなければ解決できない事態が導入された（集団間対立の解消段階二：上位目標の導入）。協力が不可欠であるこれらの事態に対処することで、ようやく外集団に対する敵対心は薄れた。

このように、敵とか味方というものは、集団間に人種とか性別といった違いがなかった場合ですら、それほど時間を要さずにわりと簡単に作られるものである。対立した二つの集団の対立が解消されるためのカギは、敵対的関係になった両集団の間に上位目標がうまく導入されるかどうかであるが、泥棒洞窟実験のように、両集団双方にとって明らかに上位目標といえるような事態は、現実社会ではなかなか作り出せないことも多く、これが国際紛争や民族紛争の解決が難しい一因と考えることもできる。

4　偏見や差別の基盤

●自分の属する集団は優位でなければならない

泥棒洞窟実験では、集団に属することによって仲間意識が高まったり、外集団に対する敵対心が高まったりするプロセスが示された。ここでは、内集団よりも外集団に対して否定的に見てしまう心理について、個人の認知の視点から見ていくことにしよう。

表4―1　お金を分配するマトリックス

(甲)　分配方法	1)	2)	3)	4)	5)	6)	7)	8)	9)	10)	11)	12)	13)	14)
内集団メンバーへ	1	2	3	4	5	6	7	8	9	10	11	12	13	14
外集団メンバーへ	14	13	12	11	10	9	8	7	6	5	4	3	2	1
(乙)　分配方法	1)	2)	3)	4)	5)	6)	7)	8)	9)	10)	11)	12)	13)	
内集団メンバーへ	7	8	9	10	11	12	13	14	15	16	17	18	19	
外集団メンバーへ	1	3	5	7	9	11	13	15	17	19	21	23	25	

まず、私たちは内集団を外集団よりも好意的に見てしまう傾向がある。これは内集団びいきと呼ばれる。オリンピックでは日本を応援してしまう、高校野球では出身地の代表校を応援してしまう、などは実感として理解できるであろうが、こうした心理が人工的で抽象的な状況でも生じてしまうことが次の実験[10]からわかっている。

実験参加者は、スクリーン上に投影された無数の点の数を推定し、その推定値の多い少ないといった、たわいのない基準によって二つの集団に分けられた。実験参加者は自分がどちらの集団に属するかを知らされたあと、別の実験参加者二名に対してお金をどのように分配するかという課題に答えた。別の実験参加者の情報は、どちらの集団に属しているかについての情報だけであった。分配方法は、表4―1のようになっており、甲マトリックスでは一四通り、乙マトリックスで一三通りの分配方法があった。その結果、実験参加者は甲マトリックスでは右側の方を選ぶ傾向を示し、自分の利害には無関連であるにもかかわらず、また、分配相手がどんな人物なのか全くわからないのにもかかわらず、内集団メンバーというだけで多く分配することがわかった。一方、乙マトリックスでは、相対的に左側の方が選ばれる傾向が示された。つまり、実験参加者は、分配の総額を減らしてまで、なおかつ内集団メンバーに対する絶対額を減らしてまで、外集団メンバーより内集団メンバーに相対的に多く分配したのである。このように、内集団びいきは、その集団にどういうメンバーがいるかがわからず、一度も集団として活動した経験がなくとも生じてしまうのである。また、外集団というただそれだけで、内集団より低く評価されてしまうのである。これは外集団に対する差別と言い換えることもできる。

さらに、外集団のメンバーは、その集団に属する個々人の特徴が把握されにくいともいわれている。つまり、外集団メンバーを見るときは個人差に目が行きにくく、みんな同じように捉えがちだということである。このように、ある集団のメンバーの特徴に関する固定的見方のことをステレオタイプと呼ぶ。たとえば、自分が日本人であれば、日本人の中に米をあまり食べない人がいたり、謙虚でない人がいたりすることを知っているが、外国人の中には、日本人は毎食米を食べていると思っている人がいたり、日本人はみな謙虚だと思っている人がいたりする。この例に示されるように、ステレオタイプというのはたいてい外集団に対するものである。ただ、本章冒頭のエピソードで、メンバーには多様な人がいると実感できるのがふつうだからである。内集団の場合、メンバーには、女性は家事の中心を担うべき（女性ステレオタイプ）と考えていたさゆりのように、内集団メンバーですら、固定されたものの見方をしてしまう場合もあり得る。また、誤解されやすいので注意が必要だが、「日本人は謙虚である」といった例にもあるとおり、ステレオタイプは必ずしも否定的な評価にはつながらない。

●ステレオタイプの形成

ステレオタイプはどのように形成されるのであろうか。たとえば、何人もの知り合いの日本人が毎食米を食べていた場合、「日本人は毎食米を食べる」というステレオタイプはある程度妥当だ（客観的な事実だ）ということになる。さらに、日本（世界）全体からまんべんなく日本人を選び、それらの日本人のほとんどが毎食米を食べていたとすれば、妥当性は高まる。この場合、妥当性が高いということは、情報として有用ということになる。たとえば、日本人が毎食米を食べることを知っていれば、日本人と食事をするときには、米が食べられる店に行こうとしたり、米が食べられないことを前もってわびたりすることができる。しかし、この例でいえば、米をあまり食べない少数の日本人に目配りが行かなくなるという問題が起こりがちでもある。ステレオタイプのものの見方は、それがかりに妥当だとしても、集団内の多様性を認めないという危険性がついて回るのである。より問題なのは、集団と特徴との間の関連が全くない場合にも関連を見いだしてしまうという場合である。これを誤った関連づけ、あるいは錯誤相関と呼び、次の実験[11]はこれをうまく例証している。

まず、実験参加者は、三九名の人物の行動を描写した短い文を読みあげた。文中には、この三九名がAかBのいずれかの集団に属していることが記載されており、文中の行動は望ましいものと望ましくないものとがあった。それぞれの比率は表4―2（A）のとおりであり、望ましい行動と望ましくない行動の比率は両集団で全く同じであった。そして実験参加者は、先と同じ三九の文を、

表4―2　錯誤相関

(A) 実験に使われた文の内訳

	多数派集団	少数派集団
望ましい行動	18	9
望ましくない行動	8	4

(B) 実験参加者が推測した結果の内訳

	多数派集団	少数派集団
望ましい行動	17.5	9.5
望ましくない行動	5.8	6.2

今度はどちらの集団かがわからないように（つまり行動描写のみ）提示され、どちらの集団のメンバーに該当するものであるかを推測した。その結果、望ましい行動については、推測した比率が実際の比率とほぼ同様であったが、望ましくない行動については、本来二対一になるはずのところがほぼ一対一となった（表4―2（B））。つまり、多数派集団であるAは望ましくない行動が実際より少ないと推測されたのに対して、少数派集団であるBは望ましくない行動が多いと推測されたのである。別の言い方をすれば、少数派集団と望ましくない行動が誤って関連づけられたということになる。そしてこのことは、少数派差別の基盤にあるメカニズムとして理解することができる。

わたしたちが少数派というだけで実際よりも否定的に見てしまうという心理は、実は血液型と性格に関する問題においても見られる。日本人のABO式血液型の人口分布は、おおよそA：O：B：AB＝四：三：二：一であることが知られているが、各血液型のイメージは、A、O、B、ABと、少数になるにつれ悪くなるという調査結果がある。(12) その調査ではさらに、AB型は二〇%の人から「隣には住みたくないタイプ」、二三%の人から「結婚したくないタイプ」と思われているのに対し、O型はそれぞれ二%と三%、A型は六%と一〇%、B型は一八%と一二%と、少数者が相対的にいやがられているという事実をみごとに明らかにしている。

なお、第3章で述べられているとおり、世間一般の理解とは異なり、心理学をはじめあらゆる学問分野で、血液型と性格との関連性はないとされている。

以上のように、本人が意図していなくともステレオタイプなものの見方はなされてしまうものであるが、ステレオタイプなものの見方は一人一人を丁寧に見なくてもすむので、一面では認知的な効率性という点で優れていると考えることができる。常に丁寧に一人一人を見て、十分に観察した上でないと一人一人を判断できなかったとすると、頭が非常に疲れることに(認知的コストが大きく)なるし、結局、他人を判断することができない、理解することができない、ひいてはつきあうことができないということになってしまうかもしれないのである。

また、社会心理学において偏見とは、否定的なステレオタイプに感情を付与した状態のことを指し、差別とは、さらに行動に結びついたものと理解される。

●思い込みの心理

ここまでで、本人が意図しなくとも、自分が属していない集団を否定的に見てしまうからくりを

表4―3　全体的印象を作るためのリスト（1）

人　物　A	人　物　B	人　物　C	人　物　D	人　物　E
知的な	知的な	知的な	知的な	知的な
器用な	器用な	器用な	器用な	器用な
勤勉な	勤勉な	勤勉な	勤勉な	勤勉な
あたたかい	つめたい	礼儀正しい	ぶっきらぼうな	
決断力のある	決断力のある	決断力のある	決断力のある	決断力のある
実際的な	実際的な	実際的な	実際的な	実際的な
用心深い	用心深い	用心深い	用心深い	用心深い

見てきたが、集団に対するものでなく個人に対する場合はどうだろうか。

他人についての印象は、「かっこいい」とか「トム・クルーズに似てる」といった外見に関するものか、「明るい人だね」とか「きつい感じの子だったね」といったように内面・性格に関するものになることが多い。そして、究極的には「いい人」なのか「いやな人」なのか、あるいは「好感が持てる人」なのか「好感が持てない人なのか」ということが重要になるといえる。つまり、全体的な印象として、肯定的なものになるのか、否定的なものになるのかがカギとなるということである。

では、その全体としての印象の良し悪しはどのようにして決まるのであろうか。有名な実験⑬を紹介しよう。実験参加者は、表4―3の五つのリストのいずれかを上から順に聞かされ、それぞれの人物の印象を作るよう要請された。その結果、人物Aと人物Bを比べた場合には人物Aの印象がはるかに良かったのに対して、人物C、人物D、人物Eの間ではあまり差が見られなかった。このことから、「あたたかい――つめたい」という性格特性が全体的印象に大きな影響を与えると

表4－4　全体的印象を作るためのリスト（2）

人　物　F	人　物　G	人　物　H
従順な	うぬぼれた	知的な
弱い	ぬけめのない	器用な
浅はかな	無節操な	誠実な
あたたかい	あたたかい	つめたい
野心のない	浅はかな	良心的な
うぬぼれた	嫉妬深い	人の力になる
		ひかえめな

考えられ、このような性格特性は中心的特性と呼ばれた。それに対して、「礼儀正しい——ぶっきらぼう」のような性格特性は周辺的特性と呼ばれる。

さらに、「あたたかい——つめたい」といった中心的特性も、別の特性語群（表4－4）の中に入ると影響力が低下することがわかり、ある特性語が中心的か周辺的かという問題は、文脈に依存したものであるとされた。これは文脈効果と呼ばれる。日常の例で言えば、「ばか」とか「あほ」ということばが、文脈によっては、親しみや愛情が込められた好意的表現となることもあれば、いやがられ突き放された表現となることもあることからも理解できよう。

これらの研究に端を発する一連の研究は、印象形成の研究として数多くの知見を生み出した。たとえば、ある大学の授業で、授業開始前に講師の簡単なプロフィールが紹介され、授業後、この講師の印象を尋ねたところ、紹介されたプロフィールによって、印象だけでなく授業中の討論参加にも違いが見られた[14]。プロフィールには二種類あり、「非常にあたたかく、勤勉で、批判力があって、実際的で、決断力がある」というものと「やや冷たく、勤勉で、批判力があって、実際的で、決断力がある」というものだった。つまり、先の人物Aと人物Bを比較した実験室での研究と同様の結果が現実の場面でも生じたのである。このように、事前の情報に過度に信頼を寄せすぎるために、その後のその人の行動を事前情報に沿った角度から理解してしまうことを期待確証効果と呼ぶ。同じ講義を聞いていても、講師がどのような性格の持ち主であると思うかによって、仮にその情報がいいかげんなものであっても、講義の聞き方、講師に対する好感度が異なってくるということである。

期待確証効果は、対象となる人物の情報を積極的に収集する場合にも見られ、その人物に対して事前にどのような仮説を持っているかによって、情報の収集の仕方が変わるという。このことを例証した実験[15]を紹介しよう。実験参加者は二つのグループに分けられ、一部の実験参加者(A群)には、ある人物が外向的であることを確認してほしいと依頼がなされ、別の実験参加者(B群)には、ある人物が内向的であることを確認してほしいと依頼がなされた。それぞれの実験参加者は、あらかじめカードに書かれた質問群から質問を選ぶよう依頼されたが、A群の実験参加者は、外向性を確認する質問(たとえば「どのような状況であなたはいちばんおしゃべりになりますか?」)を選ぶ傾向が見られ、B群の実験参加者は内向性を確認する質問(たとえば「にぎやかなパーティーのどういうところが嫌いですか?」)を選ぶ傾向が見られた。つまり、仮説を否定する可能性のある質問が選ばれにくかったのである。

さらに、期待確証の過程が人から人へと伝わっていく場合には、大きな社会現象となることがある。たとえば、「ある銀行が危ない」という女子高生のたわいもない会話がきっかけで、その後そのうわさ話が人々の間を伝わっていくうちに、その銀行から預金をおろす人が殺到したという事件は、一九七三年に日本で実際に起こった話である。

期待確証の過程は、社会学では自己成就的予言と呼ばれ、この銀行の取りつけ騒ぎの話は自己成就的予言の例としてよく用いられる。

ところで、特定の集団に対して自己成就的予言が機能する場合には、ステレオタイプが具体的な差別行動として表れるということにつながる。一例をあげてみよう。第一次大戦後のアメリカでは、南部出身の黒人は「労働運動の意味を理解できないのでストライキに協力しない」と言われていた。そのため、北部の工場に職を求めてやって来た黒人は、労働組合に加入できず、正規ルートで職を得られなくなった。一方、雇用者側はストライキで操業できないのは困るので、労働力が必要となり、生活の糧を必要とする黒人のニーズと合致することになった。このように、黒人たちはそのつもりがなくとも、ストライキに協力しない結果となり、白人の労働者から見ると、やはり黒人はストライキに協力しないのだと受け取られ、黒人に対する偏見がますます強固なものとなってしまったのである。(16)

5　自分のことは自分がよくわかっているのか？

●どのような人を好きになるのか？

前節で、他人の全体的印象が中心的特性によって左右されることや、授業担当講師に対する好感度が事前の情報によって左右される実験例を示したが、ここでは、それらに共通した観点、すなわち、人に対する好き嫌いとか好感度に関する点を考えてみよう。

私たちがどういう人を好み、どういう人を好まないのか、については、日常きわめて身近な問題として話題にあげられるし、この問題はまた個々人の人間関係を決定づけるともいえる重要なテーマでもある。

さて、どういう人が好きかといった恋愛談義で、まず議論となるのが、ルックスか中身か、という問題であろう。そして、多くの場合、やはり中身が大事であるというふうに落ち着くのではないだろうか。たしかに、冷たい人よりもあたたかい人が好まれるであろうし、薄情な人よりやさしい人の方がつきあっていて心地いいであろう。冒頭のエピソードでは、さゆりも夫の柔軟なところが好きだと言っていた。しかし、「はじめはやさしかったのに、徐々に薄情になってきた」という場合があったり、「いい人いい人どうでもいい人」とか「やさしさの押し売り」といったことばがあったりするように、中身のいい人というのもそう単純に見極められるものではないし、むしろ時がたつにつれ難しくなってくるともいえる。

　また、出会ってからあまり時を経ない段階では、ルックスが非常に大事であることは否定できない。大人数のパーティーや合コンのようなものを想定した場合、全員と話すのは難しい。誰と話そうかと考えると、見た目のいい人に目が行きがちだし、だいたいそういう人の周りに人だかりができる。さらには、見た目のいい人は中身もいいといった判断が働くことも多く、これらのことからもルックスは人に好かれるために重要な要素であることは疑う余地がない。ちなみに、見た目のいい人は中身もいいというふうに、ある一面でいいと判断すると他のすべての面でもいいと判断してしまう傾向をハロー効果と呼ぶ。

　しかし実は、ルックスか中身かという議論では漏れてしまうさまざまな要因が人の好き嫌いに影響している。たとえば、合コンでかっこいい男性のまわりに人だかりができて、そこに入っていくのも難しい状況になってしまったらどうするだろうか。つぎにかっこいい男性を探すというのもあるだろうが、とりあえずすぐ近くにいる男性と話すのが自然に感じるし、実際そうすることが多いのではないだろうか。そして、話した感じがそれなりによかったり、思いがけず話が弾んだりすれば、もはや人だかりに行こうとは考えず、その男性のことをもっと知ろうとしてますます話すことになるだろう。これは近接性の要因と呼ばれ、大学の学生寮の交友関係は物理的距離（部屋）が近いほど成立することを明らかにしたフィールド研究[17]などでも明らかになっている。ある人を好きになるには、その人のことをたくさん知る必要があり、そのためには、それだけ接する機会を多く持

表4－5　錯誤帰属によって生まれる好意

インタビュアーの性別	橋の種類	質問紙に回答した数	電話番号を受け取った数	電話をかけた割合
女　性	しっかりした橋	22/33	16/22	2/16
	つ　り　橋	23/33	18/23	9/18
男　性	しっかりした橋	22/42	6/22	1/ 6
	つ　り　橋	23/51	7/23	2/ 7

つ必要があり、それだけ物理的に近くにいることが重要であるということである。

また、実際に言葉を交わしたりしなくても、たんに見る回数が増えるだけで好意度が高まることも知られており、これは単純接触効果と呼ばれる。[18] 冒頭のエピソードで出てきた遠距離恋愛の困難は、こうした知見からも妥当だと考えられる（もちろん遠距離恋愛のすべてがうまくいかなくなるわけではないが）。

その他、知り合ってから時を経るにつれ、自分と性格や態度が似ている人を好むことや自分とルックス上釣り合いのとれた人を好むことがあるといったことも明らかにされているが、錯誤帰属によって好意が生まれるという、つり橋実験と呼ばれる実験の結果[19]は、とりわけインパクトが強いものである。

実験参加者となる男性が橋を渡っていると、インタビュアー（男性または女性）に出会う。インタビュアーの質問に応じるか否か、実験の詳細についての説明を聞くためにインタビュアーの電話番号が書かれたメモを受け取るか、受け取った場合には実際に電話をするか、などが調べられた。橋には二種類あって、一つはグラグラして手すりも低く、恐怖感を与えるつり橋、もう一つはしっかりしていて手すりも高い橋であった。その結果、全般的に女性インタビュアーに対する協力率が高かったという結果の他に、非常に興味深い結果が得られた。女性がインタビュアーのときにかぎり、つり橋を渡った男性の方が電話をかける割合が高かったのである（表4―5）。質問に応じるか否か、メモを受け取るか否かについては、橋の違いによる差はなかったのにもかかわらず、である。

この結果は、グラグラするつり橋を渡ることによって、恐怖感におそわれたが、実際にはそのドキドキ感を目の前の女性に対する好意と勘違いしてしまったことによるものであると解釈されている。つまり、感情の高ぶりの原因を本来の原因ではないものに誤って帰属してしまったということである。

ところで、錯誤帰属にきわめて類似した概念に、基本的な帰属錯誤というものがあるが、これは、他人の行動の原因を推測するときに、状況要因を過小視し、逆にその人の性格要因を過大視するというものである。例えば、他人に殴りかかっている人を見たとき、一般に、その殴りかかっている原因をその人が攻撃的な性格に帰属する傾向が強く、その直前に殴られたから、といった状況要因に帰属しにくいということである。

いずれにしても、自分の行動の原因にせよ、他人の行動の原因にせよ、その推論というものがけっこういい加減になされているという事実は、私たちの常識をある意味で覆すものである。

●言行一致は難しい？

つり橋実験の例で示されたとおり、自分の行動に対する見方、推論は時としてかなりゆがんだものとなる。しかも大切なことは、このゆがみに当の本人たちは気づかないということである。ここでは、私たちの意見や態度がどの程度行動に結びつくか、換言すればどのくらい言っていることを実行するのか、について見ていくことにしよう。

第二次大戦前、米国のある心理学者は、彼の学生であった中国人夫妻と共にアメリカ中を旅行し、その間、二五一の施設（ホテルやレストラン）を利用した。[20] その中でただ一つだけ、人種を理由に利用を拒否した施設があったが、それ以外のすべての施設は利用可能だった。半年ほど後に、それらの施設に対して、中国人の施設利用を受け入れるかどうか手紙で尋ねたところ、一二八の施設から返答があったが、なんと九二％の施設が「受け入れない」という回答であった。それに対して、受け入れると回答した施設はたった一ヶ所であった。

この実験は、態度と行動が一致しない好例であるが、近年のトピックのなかでは、環境に対する態度と行動が一致しないことがよく知られている。すなわち環境問題を解決する必要があるという態度があっても、実際の環境に配慮する行動にはなかなか結びつかないということである。

つぎに、態度と行動のズレを本人が認識したときにどのように対応するかについてみてみよう。たとえば、たばこを吸っている人が、たばこは健康によくないという知識を持っていたとする。この状態は本人にとってはあまり穏やかなものとはいえない。認知的不協和理論[21]ではこの状態を不協和な状態といい、人間はこの不協和な状態を解消しようとするという。そして、この例の場合だと、たばこをやめるという選択肢を選ばないという前提では、たばこが健康によくないという情報からできるだけ目をそらし、喫煙と肺ガンとの関連が見られないといった情報を積極的に取り入れることによって不協和を解消するという。

●自己中心の心理

人は、自分の意見や考えが、どの程度常識だと思っているのだろうか。ここではまず、自分の意見が世間のなかでどの程度あたりまえのものと思っているかについて調べたサンドイッチマン実験と呼ばれる実験[22]から見てみよう。その実験ではまず、大学生の実験参加者が、サンドイッチマンとして広告板をぶら下げてキャンパス内を歩き回るよう依頼された。実験参加者は、この依頼を受け入れるか否かを回答した後、自分と同じ選択をする人の比率を推測した。すると、依頼を受け入れた人は平均六二％が受け入れるだろうと推測し、断った人は平均六七％が断るだろうと推測したのである。このように、自分の意見や行動は世間で一般的であり適切であると見なす傾向のことを擬似合意バイアスと呼ぶ。自分がいかに世間でふつうであると思っているかを示す好例である。

また、先に取り上げた、環境に対する態度と行動の不一致の問題は、個人と社会との関連で考えると違った捉え方ができる。

環境に配慮した行動をとるべきだと思っているのに、それが行動に結びつかない理由としては、まず、環境に配慮する行動は配慮しない行動よりも面倒だというのがあろう。たとえば、ごみの分別は、分別しないことに比べれば面倒な作業である。また、今ここで自分が環境に配慮しない行動をとったとしても、つまり分別しなかったとしても、それは地球環境問題、あるいはその地域にとってそれほど重大なものではないだろうと推測できてしまうということがあろう。それに加えて、分別していない人がいるのに、自分だけがそんな面倒なことをするのは損だと考える場合もあるだろう。

しかし、このような考えのもとでみんなが環境に配慮しない行動をとると、地球環境が破綻することは今や自明といわれているし、地域レベルで考えても、ごみ焼却炉の寿命を縮めることにつながったり有毒ガスを発生させてしまったりすることにもつながる。このように、個人が自分の利益を追求すると、全体としては不利益が生じてしまう状態のことを社会的ジレンマと呼ぶ。

社会的ジレンマは、地球環境問題だけでなく、現代社会における未解決の問題の多くを説明することができる。[23] しかし、説明できるが、ではどうすれば解決できるかという点に関しては、未だ十分な解答が用意されてはいない。

以上のように、人は、自分のことを過度に常識人だと判断したり、ある行為が非常識だとわかっていてもやってしまったりするなど、かなり自己中心的な存在ととらえることができるのである。

●状況の力、モデルの力

アイヒマン実験では、ふつうの人間でも特定の状況（権威下）におかれると相当に残忍になりうることが示されたが、ここでは、ふつうの人間が残忍になってしまうケースとしてそれとは別の二つの有名な実験を紹介しよう。

心身共に健康な大学生二一名のうち、一〇名を看守役に、一一名を囚人役にした模擬刑務所実験[24]は、二週間を模擬刑務所内で生活するという大がかりな実験であった。実験開始後まもなく、看守役と囚人役は、それぞれの役割に適応したが、通常の自分の心理状態を回復することがなく、たんなる役割を超えてしまった。看守役は残忍で攻撃的になる一方で、囚人役はうつ状態に落ち込んだり、無気力状態に陥ってしまったりした。囚人役の心理状態の悪化が実験者の予想を超えて深刻なものになったため、本来二週間を予定していたこの模擬実験は、六日間で中止せざるを得なかった。このように、残忍な役割を演じ続けることが、そしてそれを許容する状況が持続することが、人を残忍にするのである。

つぎに、幼稚園児を対象にした実験[25]では、暴力行為を見ることの効果が調べられた。その結果、暴力行為を観察した子どもたちは、その直後のお気に入りのおもちゃを取り上げた際に、他の子どもたちよりも攻撃的になることが明らかになった。暴力行為の観察の方法は、ビニール人形を殴ったり蹴ったりするシーンを見る、そのシーンをビデオテープで見る、乱暴な猫がビニール人形を殴ったり蹴ったりするアニメを見る、の三通りあったが、どの方法でも大きな違いは見られなかった。

このように、周囲の人間を含めた状況の持つ力は、残虐な行為や攻撃的な行為に時として多大な影響を与えるのである。先に、他人の攻撃的な行為を見たとき、その原因がその行為者の攻撃的な性格に帰属しやすいことを述べたが、そのこともふまえて考えると、攻撃的な行為をした人間を罰する際にはよくよく注意して判断する必要がありそうである。

なお、他人を観察することにより、行動が身につくことを観察学習と呼ぶが、当然のことながら、暴力行為のような望ましくない行動だけでなく、望ましい行動も観察学習によって習得されうる。

●目は口ほどにものを言い

わたしたち人間は、「ことば」を使うことによって、コミュニケーション能力を格段に高めることができた。ことばを使うことによって、自分の気持ちや考えを相手に伝えることができ、過去や将来、あるいは遠い世界のことについて話し合うこともできる。

しかし、対面状況で話しているときには、ことばだけが伝わるわけではなく、ことば以外の部分もたくさん伝わる。ことば以外の部分のコミュニケーションを非言語的コミュニケーションと呼ぶ(ことばの部分は言語的コミュニケーション)が、これには、表情、ジェスチャー、視線、しぐさ、姿勢、コミュニケーション相手との物理的距離などがあり、しばしば、ことば以上に大きな意味を持つことがある。うそをついているときに視線を合わせられない、とか、イライラしているときに貧乏揺すりをするとか、そういうことである。これは見方を変えれば、本人はコントロールして話しているつもりでも、非言語の部分をコントロールできず、その部分の方がむしろ大きく相手に伝わってしまうことがあるということを意味する。

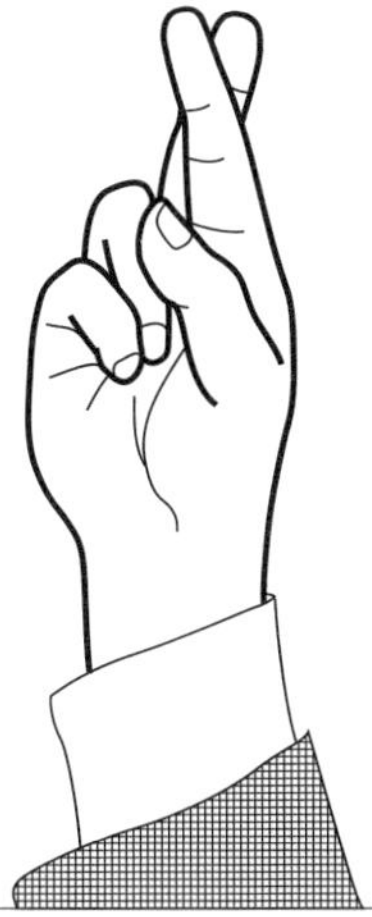

指十字はどのような意味に用いられるか
（ヨーロッパ四〇地区一、二〇〇名の調査から）

1　加護を求める――三〇六
2　OKサインよろしいの意――四五
3　絶交のしるしとして――四三
4　友情を表わす――二八
5　誓いを表わす――二二
6　親しい関係を表わす――二一
7　その他――四六
8　用いない――六八九

図4－4　多様な意味を持つジェスチャー

その他、声のトーンや高さ、大きさ、しゃべりの速さ、間合いなどは、近言語とも呼ばれ、非言語的コミュニケーションに含めることが多い。つまり、文字に直接変換できるもの以外は基本的に非言語的コミュニケーションということになる。

外国語が不得手でも、ことばがわからなくても身振り手振りで何とかなると言われ、また実際、身振り手振りといった非言語的コミュニケーションは、ことばがわからないもの同士の場合に非常に威力を発揮するのであるが、実はその意味が文化によって異なる場合もあるので注意が必要である。

たとえば、同じヨーロッパであっても、ジェスチャーの持つ意味が多様であることが示されているし[26]（図4―4）、キスが挨拶として利用される文化と利用されない文化があることをはじめ、身体的接触や距離の取り方に関するさまざまな文化差も知られている。
コミュニケーションの際に非言語の側面が重要であることは、電子ネット上での文字によるやりとりには誤解が生じやすいことや、それを少しでも防ぐために絵文字が使われることにも表れている。

6 おわりに

ここまで、大急ぎで社会心理学のさまざまな知見を紹介してきた。とはいえ、まだまだ社会心理学のおもしろい研究を紹介し切れていない。とくに、近年（二〇〇四年現在）キーワードになっている「文化」と「進化」に関する研究成果をほとんど紹介することができなかった。これらに関する書は、入門的なものも多数刊行されているので、それらを参照していただきたい。

また、本章では、全体的に人間の負の側面、陰の側面を強調しすぎたきらいがあるかもしれないとも思う。もっと明るく夢のある人間像をお伝えすることも可能だったかもしれないが、これは筆者の偽悪趣味だということでお許しいただきたい。

いずれにしても、社会心理学のものの見方は、人や人と人との関係に対するものの見方を広げてくれる。疑い深くなるとか、断定的にものを言えなくなるとかするので、ときどき自分でも困ることがあるのだが、それでもやっぱり社会心理学を学んでよかったと思っている。

引用文献

（1） Triplett,N, 1898: The dynamogenic factors in pacemaking and competition. American Journal of Psychology, 9, 507-533.

（2） Zajonc,R.B., 1965: Social facilitation. Science, 149, 269-274.

（3） ラタネ・B&ダーリー・M　一九七七（竹村研一・杉崎和子　訳）『冷淡な傍観者――思いやりの社会心理学』ブレーン出版。

（4） Asch, S.E., 1951: Effects of group pressure upon the modification and distortion of judgments. In H. Guetzkow (Ed.), Groups, leadership and men. Carnegie Press. pp.177-190.

（5） Sherif, M., 1936: The psychology of social norms. Harper and Row.

（6） ミルグラム・S　一九八〇（岸田秀　訳）『服従の心理――アイヒマン実験』河出書房新社。

（7） Stasson, M.F., Kameda, T., Parks, C.D., Zimmerman, S.K., & Davis, J.H., 1991: Effects of assigned group consensus requirement on group problem solving and group members' learning. Social Psychology Quarterly, 54, 25-35.

（8） Moscovici, S., & Zavalloni, M., 1969: The group as a polarizer of attitudes. Journal of Personality and Social Psychology, 12, 125-135.

（9） Sherif, M., Harvey, O.J., White, B.J., Hood, W.R. & Sherif, C.W., 1961: Intergroup conflict and cooperation: The Robbers' Cave experiment. Institute of Group Relations, University of Oklahoma.

（10） Tajfel, H., Billig, M.G., Bundy, R.P., & Flament, C., 1971: Social categorization and intergroup behaviour. European Journal of Social Psychology, 1, 149-178.

（11） Hamilton, D.L. & Gifford, R.K., 1976: Illusory correlation in interpersonal perception: A cognitive bias of stereotypic judgments. Journal of Experimental Social Psychology, 12, 392-407.

(12) 佐藤達哉　一九九四　ブラッドタイプ・ハラスメント――あるいはＡＢの悲劇　詫摩武俊・佐藤達哉（編）現代のエスプリ　血液型と性格――その史的展開と現在の問題点　至文堂　一五四―一六〇頁。
(13) Asch, S.E., 1946: Forming impressions of personality. Journal of Abnormal and Social Psychology, 41, 258-290.
(14) Kelly, H.H., 1950: The warm-cold variable in first impressions of persons. Journal of Personality, 18, 431-439.
(15) Snyder, M. & Swann, W.B., Jr., 1978: Hypothesis testing processes in social interaction. Journal of Personality and Social Psychology, 36, 1202-1212.
(16) マートン・R・K　一九六一（森東吾・森好夫・金沢実・中島竜太郎　訳）『社会理論と社会構造』　みすず書房。
(17) Festinfer, L., Schachter, S., & Beck, K., 1950: Social pressures in informal groups: A study of human factors in housing. Harper & Row.
(18) Zajonc, R.B., 1968: Attitudinal effects of mere exposure. Journal of Personality and Social Psychology, Monograph Supplement, 9, 1-27.
(19) Dutton, D.G., & Aron, A.P., 1974: Some evidence for heightened sexual attraction under conditions of high anxiety. Journal of Personality and Social Psychology, 31, 510-517.
(20) Lapiere, R.T., 1934: Attitudes vs. actions. Social Forces, 13, 230-237.
(21) フェスティンガー・L　一九六五（末永俊郎　監訳）『認知的不協和の理論』　誠信書房。
(22) Ross, L., Greene, D., & House, P., 1977: The “false consensus effect”: An egocentric bias in social perception and attribution processes. Journal of Experimental Social Psychology, 13, 279-301.
(23) 山岸俊男　二〇〇〇　『社会的ジレンマ――「環境破壊」から「いじめ」まで』　ＰＨＰ新書。

(24) Zimbardo, P.G., Haney, C., Banks, W.C., & Jaffe, D., 1977: The psychology of imprisonment: Privation, power, and pathology. In J.C.Brigham & L.S.Wrightman (Eds.) Contemporary issues in social psychology, 3rd ed. Cole Publishing Company. pp.202-216.

(25) Bandura, A., Ross, D., & Ross, S., 1963: Imitation of film-mediated aggressive models. Journal of Abnormal and Social Psychology, 66, 3-11.

(26) モリス・D他　一九九一（多田道太郎・奥野卓司　訳）『ジェスチュア』角川書店。

第5章　認知心理学から「学び」を捉える
――「総合的な学習の時間」の背景にあるもの――

進藤聡彦

1　一つのエピソードから

ある父親が小学校五年生の授業参観に行ったときの話である。小学校に足を運ぶのは久しぶりのことだった。少し緊張しながら、また参加者の多くは母親だったので少々照れくさそうに教室に入った。

真っ先にわが子を探した。友だちとおしゃべりをしながら、楽しそうにしているようすを見て安心した。チャイムが鳴り、授業が始まった。参観の対象となったのは、地域の古老にインタヴューして調べてきた地域環境の変化を班ごとに発表するというものだった。教室に貼ってある時間割表に目をやるとその授業が「総合的な学習の時間」であることがわかった。時間割表の授業時数を数えてみると、一番と二番に多いのが国語と算数だったが、次は総合的な学習の時間であった。理科や社会科よりも多くの時間が「総合的な学習の時間」に割かれていた。自分たちの頃にはなかった学習にこんなにも多くの時間が設定されていることに意外な感じがした。参観後の懇談会で、「総合的な学習の時間」について担任の先生に聞いてみた。先生は「問題を見つけたり、問題を探求的に解決したりする力の育成を狙った子どもたちの主体性を重視する学習の時間」というようなことをいっていたが、よくわからなかった。そして、今日の授業は環境教育の一環だとのことであった。

家に戻り、主体的な学習ということばが気になって自分自身の学校での学習を振り返ってみた。先生の言うことを受動的に丸暗記しただけだったから、決して主体的ではなかったことを思い出した。その結果、小学校から高校まで自分なりにがんばって勉強してきたはずなのに、残っている知識は僅かでほとんどが剝落《はくらく》していると思った。そして、小学校の内容はともかく、中学校の数学や理科の内容については心許ない。そのようなかつての教育が見直されたのかと考えた。

さて、このエピソードでは「学ぶ」ということについていくつか考えさせられる内容を含んでいた。心理学で学ぶということに密接に関連するのは認知心理学と呼ばれる領域である。認知心理学では主に人間の知覚や記憶、思考などの情報処理のプロセスを解明しようとする。この章では、「学ぶ」ということに関わって、認知心理学の基礎的な知見を紹介したいと思う。そして、エピソードに登場した「総合的な学習の時間」が新設された背景や意義にも触れながら、「学ぶ」ということについて考えていきたい。

2　覚えるということ

●記憶に残る知識とは

エピソードでは学校で習った知識が剥落してしまったということが述べられた。たしかに、大学に入学して一年も経っていない大学生でさえ、高校で習ったはずの内容について質問してみると、意外なほどに忘れてしまっている。また、剥落しやすいだけでなく、覚えるのにも苦労する。

では、人間の記憶というのは覚えにくくて、いったん覚えてもすぐ忘れてしまうという性質をもっているのであろうか。一概にそうとはいえない。たとえば、失恋の記憶は忘れようと思ってもしばらく頭から離れることはない。また、強い精神的なショックを受ける出来事に遭遇してPTSD（心的外傷後ストレス障害）になった人は、いつまでもそのときの出来事がリアルによみがえってしまうフラッシュバックと呼ばれるような症状を示すことがある。このように、記憶にはその内容によって一度で頭の中に入ってしまったり、忘れようにも忘れられなかったりすることがある。その一方で、英単語や歴史の年号に代表されるような学校で習った知識は覚えにくいし忘れやすい。では、両者はどこが違うのだろう。

心理学では記憶をその内容からエピソード記憶と意味記憶に分類することがある。エピソード記憶というのは「五年生のときに遠足でディズニーランドに行った」とか、「三年生のときに学校の図書館でエジソンの伝記を読んだ」といった特定の時間や場所についての情報を伴う記憶である。意味記憶の方は「アメリカの首都はワシントンだ」とか、「円の面積の公式は半径×半径×三・一四だ」とかいった客観的な知識といえるような内容の記憶である。二つの記憶にはいくつかの違いがある。

たとえば第一の違いとして、ある種の健忘症の人は普通に話ができていて、意味記憶の方は覚えているのに、個人の名前や過去の体験といったエピソード記憶の方は覚えていない。第二に「ぼくは中学校一年生の時に海外旅行をしたのを知っている」という表現に違和感があるように、エピソード記憶の内容は「覚えている」という感覚をもつのに対し、意味記憶は「知っている」という感覚をもちやすい。第三にエピソード記憶は感情と結びつきやすいのに、意味記憶はそうではない。エピソード記憶が剥落せずにあとに残りやすいのは、この違いに関連してエピソード記憶の感情を伴うという性質によるものだと考えられる。エピソード記憶に類似した記憶に、自伝的記憶と呼ばれるものがある。これは個人の体験に関わる記憶で、これも忘れにくいといわれている。その理由は個人の体験にはなんらかの感情を伴うことが多いためだと考えられる。

エピソード記憶や自伝的記憶と呼ばれるような感情を伴う記憶の長期の保持は、フラッシュバルブ記憶（flashbulb memory）と呼ばれる記憶に典型的に表れる。これは強い感情を伴う出来事の記憶が、あたかも閃光で焼き付けられたかのように頭の中に刻み込まれ、忘れられにくいという現象である。アメリカの第三五代の大統領だったＪ・Ｆ・ケネディが暗殺されたのは一九六三年のことだった。それから一四年後、ケネディ大統領の暗殺事件の当時に物心がついていたアメリカ人に、「暗殺のニュースに接したとき、あなたは何をしていましたか」という質問をしてみた。すると、八〇名のうちの七九名が明確に答えられたという。(1) 若くてハンサムで、第二次世界大戦の英雄だったケネディ大統領の暗殺は、当時のアメリカ人にとって悲しい出来事であり、その死は深い悲しみの感情と共に記憶されたと考えられる。

このことからすると、何十年後かに二〇〇一年の九月一一日に起きた同時多発テロについてのニュースを聞いたときに何をしていたかを問われるアメリカ人は、テレビに映し出された飛行機が貿易センタービルに突入する光景と共に、そのときに自分のしていたことを覚えているのではないかと思われる。

こうした感情を伴う内容の記憶に対して、学校で教えられるような内容は感情を伴わない意味記憶になりやすい。そのために覚えるのに苦労したり、いったん覚えても忘れやすかったりする。これは学校での学習内容の宿命なのだろうか。そんなことはないだろう。今見えている星の光が何千年も前のものだと学校で教えられたことは、ほとんどの人が忘れないで覚えているだろう。そこには驚きの感情が伴っているからだと考えられる。このことをヒントに教える立場で考えてみると、意味記憶をエピソード記憶にすることも可能だと思われる。たとえば「地球は一年かけて太陽の回りを一周する。これを公転という」という内容の知識がある。これを「半年前の私たちは宇宙空間のどこにいたのだろう。実際に空を指さしてみよう」と教えられたらどうだろう。半年前の私たちは、今いる場所から太陽の方向に向かって太陽までの距離を二倍したところにいたのである。こうして教えられると「われわれはすごい距離を移動しているんだなあ」といった感情と共に知識が覚えられるのである。[2] このように、意味記憶のような内容でもエピソード記憶になる可能性があるし、そうして覚えられた知識は記憶に残るのである。

表５—１　大学生の記憶観[3]

問１	記憶の良し悪しは生まれつきのものである。	31.4%
問２	繰り返しものを覚える練習を積むと、記憶力が伸びる。	83.4%
問３	一度聞いただけで丸暗記できる言葉の数は大人では誰でも同じぐらいである。	33.7%
問４	７桁位の数を一度聞いて繰り返さなければ覚えていられるのは15秒位である。	48.6%

●人の記憶の特徴

感情を伴った知識は覚えやすいことを述べた。しかし、漢字や歴史の年号、英単語などはエピソード記憶になりにくく、暗記（心理学でいう機械的学習）に頼らざるを得ない側面ももつ。こうした機械的学習の経験から、われわれは記憶について多様な考えをもつことになる。そのような記憶観について大学生に調査した結果の一部を表５—１に示す。[3] この結果のうち、ここでは三〇％の者が真とした問１「記憶力の良し悪しは生まれつきのものである」の検討を中心に、記憶の性質を明らかにしていくことにする。

数個の英単語を一〇回ずつ書いて覚えてもらった場合でも、後でテストをすると人によって正答率が違う。こうしたことから、記憶力には生まれつきの個人差があると考えるのかもしれない。本当に記憶力は生まれつきなのだろうか。この問題に答える前に、問3と問4の答えを考えてみたい。一度聞いただけで丸暗記できる言葉の数は特殊な記憶術を使わないかぎり、大人で七個前後（この数をマジカルナンバー・セブンという）、またそれらの言葉を覚えていられる時間も共通に短いことが知られている。たとえば、初めて出会った人の名前を一度で覚えられるのは七人前後だし、何度か繰り返さないとすぐに忘れてしまう。よって、問3と問4の答えは真となる。このことから人間の生まれつきの記憶力には大きな差はないといえる。コンピュータにたとえると個人間でハードウェアの性能に大差はないのである。

では円周率を小数点以下、万のケタまで正確に憶えているような人が実在するというが、そのような人の存在はどう考えたらよいのであろうか。数字のような意味性の低い材料を驚くほど覚えられる人の内省報告によれば、かなり共通した記憶方法を使っているという。彼らはまず、一定のケタごとに数字を意味のあるフレーズに直す。これはふつうの人でも平方根や年号を覚えるのによくやる語呂合わせの類である。次に、記憶の名人たちはこれを頭の中で絵（イメージ）に直す。さらに、この断片的な絵をストーリー化していく。こういった方法を巧みに組み合わせて、万のケタの数字を覚えるというのである。この種の方法を使い、根気よく練習をすればたいていの人が記憶名人になることは可能だと思われる。こうしてみると、意味性の低い材料を多く覚えるためには、問2のように単純に何度も繰り返して練習すればいいのではなく、材料を覚えやすく加工することが肝心で、その加工法に習熟しさえすればだれでも驚くほどたくさん覚えることができるのである。このことから、コンピュータでいえばソフトウェアの違いにより記憶量の多少が決まるのである。

表５―２　記憶実験用の漢字リスト

リストＡ	長・大・矢・小・谷・河・田・宮・川・内・部・山
リストＢ	長山・小谷・大矢・宮部・河田・内川
リストＣ	長谷川・大河内・小宮山・矢田部

●記憶のメカニズム

ここでは先の記憶名人の方法だとなぜよく覚えられるのかについて探っていくことにする。まず簡単な実験を紹介するので、実際に試していただきたい。最初に表5―2のリストＡに載っている一二個の漢字を一分間で順序通りに憶えた上で、ノートに順序通りに書き出していただきたい。次にリストＢの漢字についても同様のことをしていただきたい。

結果はどうであっただろうか。おそらくリストＡの方がリストＢに比べ、項目の数自体は多く覚えられた人が多いのではないだろうか。ところが、リストＢの項目はいずれも二つの漢字で構成されている。だから一項目あたりの漢字の数はリストＡの項目の二倍になる。このような換算をして覚えた漢字の総数を比較すると、リストＢの方がリストＡよりも多くなった人が多いのではないだろうか。さらには、リストＣではもっと簡単に一二個の漢字を覚えられるのではないだろうか（ちなみにリストＡ～Ｃの一二個の漢字はまったく同じものである）。

ここに人間の記憶の特徴がある。つまり、リストＢやＣの項目はよくみられる苗字であり、漢字一つも苗字一つも等しく一つの意味を構成している。このような意味のまとまりがチャンクと呼ばれる人間の記憶の基本単位になっているのである。

リストD（言語情報のみ）

本・カップ・封筒・ブックエンド・メモ帳・電話・ペン・書類

リストE（言語情報＋視覚情報）　　リストF（構造化された言語情報＋視覚情報）

図５―１　記憶の実験材料

つまり、人間の記憶にとって表5―2の中の「長」「長山」「長谷川」は構成される漢字数が異なるが、覚えるための負荷はほとんど等しいのである。こうした例からわかるように、語呂合わせをすると覚えやすいのは、記憶単位が少なくてすむことがその理由の一つである。

次に、図5―1のいずれも八個の同一の対象が載っているリストDの単語とリストE、Fの絵に描かれているものを憶える場合を想定していただきたい。どれがいちばん長い間覚えられているだろうか。実際に実験をしてみるとF、E、Dの順に長く覚えているのである。つまり、言語情報だけよりは、視覚情報が付加された方が、さらに「オフィスの机の上にあるもの」として項目間が関係づけられ、構造化された方が記憶しやすいということになる。

先に述べた記憶名人のストーリー化という方法

は、数ケタの数字を語呂合わせで圧縮した意味をもたせる。その上で、それ自体も構造化されている個々の絵画的イメージを相互に関係づけ、一つの物語として構造化したものといえる。プロ棋士などは、他の棋士が対局している最中の盤面を少しの間眺めるだけで、別の将棋盤に駒の位置を正確に再現できるという。ところが、素人がでたらめに並べたものを再現するのは難しいようである。これは前者では一駒一駒が全体の構造の中で意味をもっているのに、後者では個々の駒が全体の構造の中で意味をもっていないからである。項目間の関係をつけ、構造化するためにはそれを行うための知識が必要である。たとえば、文章の記憶でもその文章が理解されている場合にはよく覚えられる。

以上の知見を踏まえ、知識の構造化を図るということについて示唆を与えてくれる事例を紹介してみよう。大学生に「①墾田永世私財法・②三世一身法・③荘園の成立・④班田収授法」を古いものの順に並べさせた。①は、開墾地の所有を永久に認める。②は三代だけ認める。③は貴族や寺社の私的領地の成立。④は口分田を一代だけ与え、死ねば国家に返還、という内容である（④②①③の順が正解）。その結果、誤答者は受験勉強時に個々の年号を語呂合わせで教えられ、覚えていたのに対し、正答者は語呂合わせに加え「公地公民といった古代土地制度が徐々に崩れていって荘園が成立した」という文脈の中でそれぞれを位置づける方法で教えられ覚えていたという[4]。この例は個々の知識が構造化されると記憶が保持されることを如実に示すものだといえるであろう。同時にこの結果は、項目間のつながりを欠いてバラバラに知識を詰め込むだけの記憶ではかえって覚えにくいし、忘れやすい記憶になってしまうことを示している。つまり機械的学習は効率的なようで実は非効率な面があるのである。

3 「わかる」ということを巡って

●理解の情報処理プロセス

ここでは「理解する」とはどのようなことなのか、そのメカニズムについて考えていく。まず次の文章を読んでいただきたい。そして、理解できたという感覚をもてたかどうか、またメアリーはなぜ家に戻ったのかについて考えていただきたい。

「メアリーは公園に行きました。そこでアイスクリームを売っているのを見ました。メアリーは急いで家に戻りました。」(5)

さて、最初の「理解できたか」という質問については理解できたと感じた方が多かったのではないだろうか。次の「なぜメアリーは家に戻ったのか」という質問はどうだろう。この質問については厳密にはメアリーが家に戻った理由は文章に書いてないのだから「わからない」というのが正解かもしれない。しかし、多くの人は「メアリーがアイスクリームを買うお金を取りに家に戻ったのだろう」と答える。書かれていないことがどうしてわかってしまうのだろうか。それは読み手が文章を読んでいる最中に、自分のもっているさまざまな知識の中から文章の内容に関連した知識を選び出し、そうした知識に照らし合わせて、文章の情報を解釈して意味を構成するからである。

たとえば、メアリーの性別は書かれていないが既有知識から女性であると解釈する。そして、公園でアイスクリームを売っているのを見て家に戻ったのだから、アイスクリームを食べたくなったがたまたま持ち合わせがなかったのでお金を取りに家に向かったのだろうと解釈する。さらにこうした行動パターンは幼い子どもにありがちのものだからメアリーは子どもだろうと推理する。こうした解釈の結果、既有知識との整合性を吟味して納得がいくので、書かれていないことでもわかってしまったり、理解したという感覚をもてたりするのである。

では次の文章はどうであろうか。まず読んでいただきたい。

「新聞の方が雑誌よりも適しています。海岸の方が通りよりもいいでしょう。最初は歩くよりも走った方がいいでしょう。何度かやってみないといけないかもしれません。多少技術はいりますが、おぼえるのは易しいことです。小さな子ども達も楽しめますし、いったんうまくいけば面倒なことはわずかです。鳥が近づいてくることは滅多にありません。でも雨はすぐに浸みこみます。多くの人が同じことをしても問題が起こります。広い場所が必要なのです。(6)……」

この文章についても読んで理解できたと感じたのか、理解できなかったと感じたのか考えていただきたい。多くの人は理解できたという感覚をもてなかったのではないだろうか。実はこの文章は「凧の作り方と揚げ方」というタイトルの文章である。このタイトルを聞いて、改めて読んでみるとどうであろうか。今度は理解できたという感覚をもてた人が多いのではないだろうか。

これはタイトルを聞く前は、文章を解釈するのに使う既有知識を選び出すことができなかったからだと考えられる。こうした例からも、われわれは新たに入ってきた情報について関連する既有知識にアクセスし、それを使いながら個々の情報が既有知識と整合するように解釈する。そして、その解釈に納得ができたときに、理解したと感じるという過程をたどっていることがわかる。そうした場合の既有知識とは、凧の作り方と揚げ方についての知識のように個別性を超えた枠組み的知識のことでスキーマなどと呼ばれている。

ところで、二〇〇三年七月の新聞報道によれば、幼児や児童が好きなキャラクターの第一位は「アンパンマン」だそうである。特に五～六歳の幼児に人気が高いという。(7) この秘密を上記の理解の情報処理の観点から探ってみよう。第一の秘密はストーリーにあると思われる。このアニメは意地悪やいたずらをするバイキンマンをアンパンマンがやっつけるという典型的な勧善懲悪のストーリーである。これは桃太郎などと同様に年少の幼児でももつ物語のスキーマ（物語に関するスキーマを特にスクリプトということがある）に合致するために理解しやすいのである。また、第二の秘密はアンパンマンの顔立ちにあると思われる。アンパンマンをよく見てみると、幼児がもつ図形スキーマにとって理解しやすい円形の組み合わせである。こうしたことが、アンパンマンが人気キャラクターの第一位を占めた原因だと考えられる。

「水戸黄門」が長寿番組になっている理由も同様であろう。これも勧善懲悪の決まったパターンが毎回繰り返される。主な視聴者は老人だといわれるが、単純であるがゆえに、老人にとっては認知的なコストが低く、理解しやすいのであろう。

こうしてみると、理解にとって必要なことはスキーマ、つまりその領域に関する知識をもつこと、うまくその領域の知識にアクセスできること、適切な解釈ができることだと考えられる。逆にいえば、われわれの頭の中では瞬時のうちにこのような複雑な情報処理が行われ、文章や発話などを理解しているといえるのである。

●誤解という理解

文化庁が平成一五年に発表した「国語に関する世論調査」によれば、「その発言は流れに棹さすものだ」というようなときに使われる「流れに棹さす」という慣用句の意味を「抵抗する」という意味に勘違いしている者が六三％にも及んだという。[8] 正解は「流れに沿って勢いを増す」というような意味であるが、正答率は一二％であった。

このような慣用句やことわざに関する誤解は少なくない。たとえば、「わずかな労力でたくさんの利益を得る」という意味の「海老で鯛を釣る」も、「大きな成果を得るためには、それなりの犠性が必要だ」と誤って考えている人が少なくない。このような誤解を先の「理解の情報処理過程」の枠組みで考えてみよう。「海老で鯛を釣る」という表現を初めて聞いたとき、多くの人は意味がわからないと思わないであろう。タイは高級魚であることはだれでも知っている。一方のエビについては桜エビのようなものを考えたとする。すると小さな桜エビで高級魚であるタイを釣ったということだから、「ちょっとしたことで、大きな成果を得る」ということだろうと解釈する。われわれは、たまたま一枚買った宝くじが当たるというようなことがあることも知っている。このようなメカニズムにより初めて聞くことわざでも理解できるのである。

逆に、エビについて伊勢エビのようなものを想定してしまうと、高級魚であるタイを釣るのに高価な伊勢エビをエサにしたということになって、「大きな成果を得るためには、それなりの犠牲が必要だ」と解釈してしまう。そして「ローマは一日にして成らず」のようなスキーマもつために、納得して理解してしまう。

このように誤解とは不適切なスキーマと関連づけて意味が通じてしまったために生じる現象である。冒頭の「流れに棹さす」も「川下に進む船に乗る人が棹で加速する」ことに由来すると思われるが、これを初めて聞いたときに「川の流れにあらがうように川底に棹を突きさす」という意味に解釈してしまうと、われわれの周囲にはその場の流れに迎合しないような人もいるので納得してしまう。その結果、誤解となるのである。こうしてみると、理解と誤解の情報処理過程はかなり類似している。つまり、情報処理という観点からは誤解は理解の一種といえるのである。これに対して、

下の上段の図のように１機または２機でロープにつながれた同じ重さの荷物を持ち上げています。ａのヘリコプタとｂのヘリコプタではどちらが大きな力が必要でしょう（下段の図のように太い矢印がそれぞれのヘリコプタが必要な力の大きさになり、正解はａのヘリコプタである）。

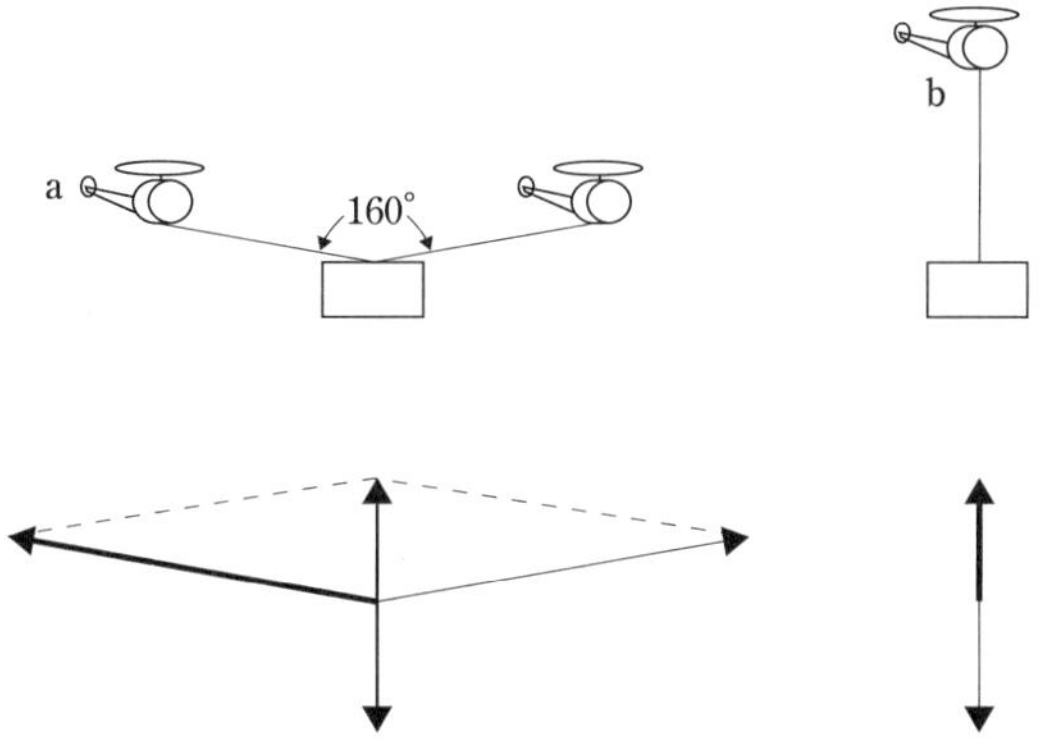

図５―２　素朴概念の例

「わからない」というのはスキーマをもっていないか、既にもっているスキーマにうまく接続できなかったりする現象だと考えられる。

ところで、先の慣用句などの例にみるように、われわれは学校や家庭で周囲の者から教えられて知識を得るだけでなく、自らの日常の経験から知識をつくり上げることがある。しかし、その日常的な経験は限定的なものであるために、時として誤った知識になってしまうことがある。そういった知識は素朴概念などと呼ばれている。たとえば、図５―２の問題についてｂのヘリコプタの方が大きな力を必要とすると考える人が多い。これは中学校のときに習ったはずの「力の平行四辺形の法則」を使えば解けるはずの問題である。実際に「力の平行四辺形」を作図してみるとaのヘリコプタの方がずいぶん大きな力が必要なことがわかる。ロープの角度が一二〇度を超えると一機で持ち上げるよりも大きな力が必要になる。いわば綱の中心部に重い荷物を吊り下げて綱引きをしているような状態になるのである。しかし、われわれは一人で荷物を持つよりも二人で持った方が楽だといった経験を積み重ねるうちに、「一つの力よりも二つの力の方が少ない力で済む」といった部分的にしか当てはまらない知識をつくり上げてしまう。

こうした知識は、自らの経験に基づくために確信度は高くなる。それゆえ、学校で習う科学的な知識に関してそれが素朴概念と矛盾するような場合には、前者は忘れられ確信度の高い素朴概念が生き残ることになる。つまり正しい知識を教え込むだけでは学ぶ者にとって納得のいく知識とならず、自らの既有知識（スキーマ）に合致しないために、忘れ去られてしまうことになるのである。このような素朴概念の生成メカニズムからすると、素朴概念では解決できない問題に直面させることが必要になるし、また実際の経験が重要視されることになる。上記の事例では、角度を大きくすると水平方向の力が大きくなってしまうという理論的な情報と共に、鉄棒の懸垂をするときに両腕の幅を広げると大きな力が必要になるといった実際の体験と結びつけ、納得を促す手だてが必要になる。このことがより洗練されたスキーマをつくり、適切な情報の理解や問題の解決につながるのである。

●人の情報処理の能動性

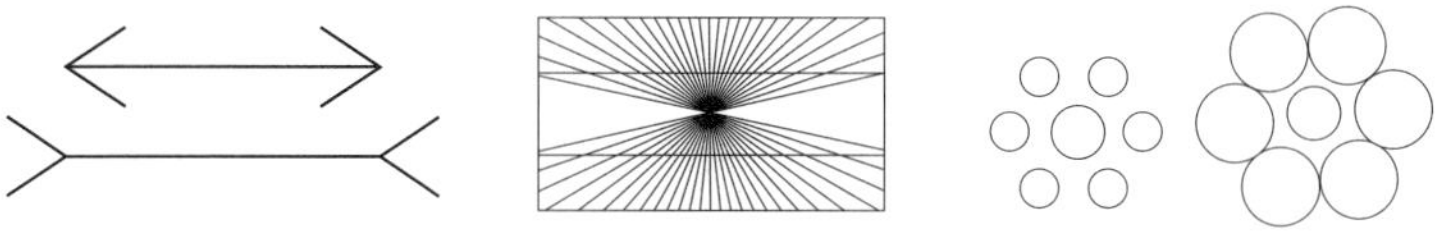

ミューラー・リエールの錯視　ヘーリングの錯視　エビングハウスの錯視

図5—3　錯視図形

山の端から昇ったり沈んだりするときの月の大きさは、天上にある月よりも大きく見えたという経験をもつ人も多いのではないだろうか。これは「月の錯視」と呼ばれる現象であるが、実際に写真に撮って二つを比べてみるとわかるように物理的には同じ大きさなのである。このようにわれわれは外部の物理的な特徴をそのまま知覚しているわけではない。心理学でも錯視の問題は図5—3に示すような幾何学図形を使って主要な研究テーマの一つとして取り上げられている。ここではわれわれの知覚が、われわれのもつ知識に影響を受けていることを示す簡単な実験を紹介してみよう。

まず最初に、一円玉を見ないでそれと同じ大きさの円を白紙に描いていただきたい。描き終えたら一円玉と重ね合わせてみていただきたい。ぴったり重なっただろうか。実際に試してみると、円は実際の一円玉よりも小さく描かれることが多い。私たちにとって一円玉は消費税のおかげで以前よりは役に立つものの、それで買い物をしようと思っても何も買えない。つまり、一円玉はあまり価値のないものだという意識（知識）が、一円玉の大きさを過小評価させてしまうのである。物理的特徴の受容といった比較的単純に思われる知覚の過程でさえ、知識を使った能動的な情報処理が行われているのである。

もう一つ別の例を挙げてみる。何十人かが受講している大学の授業での一こまである。まず、文字通り真っ黒な黒板上に白のチョークで五つの円を描く。そのうちの三つを白色のチョークで塗りつぶす。そして、考える時間を与えずに「白い円よりも黒い円が多いと思う人？」と言って挙手をさせる。すると手を挙げる者と挙げない者が出る。黒い黒板に描いた円の中は黒色なので、物理的には黒い円になる。その一方で、われわれは塗りつぶされたものを黒ということもある。このような理由で上記の円の数の比較についての答えが二種類になってしまう。特に「黒の円が多い」とする人の頭の中では「塗りつぶされたものが黒で、塗りつぶされていない、つまり加工がされていないものが白」という既有知識を使った瞬時の判断がなされているのである。ここにも既有知識を使った能動的な情報処理が表れる。

先に「メアリー」と「凧揚げ」に関する二つの文章を示し、理解するということについて考えてきた。そこでは理解の情報処理についてスキーマと呼ばれるような既有知識を使った解釈や整合性の吟味といった過程を経ると述べられた。これもまた、与えられた情報をそのまま受容するのではないという点で、われわれの情報処理の能動性を示すものだと捉えられる。さらに、日常の経験から自生的に獲得した不適切な知識である素朴概念を紹介したが、そうした知識の形成過程に能動性が顕著に表れる。素朴概念には幾つかの特徴がある。そのうちの一つは、限定的な経験から得た知識を一般化するという特徴である。たとえば、夏に暑い理由を地球と太陽の距離が近くなるからだと説明する子どもたちがいる。これはストーブに近づくと熱く感じたという経験を一般化したものだと思われる。

子どもだけではない。大学生に映画館に学割という制度がなぜあるのかを聞いた調査では、「若いうちにいい映画を見て教養を積んでほしいから」とか「学生は経済的に自立していないから」という回答のみで説明した者が二〇％あった。[9] これは学生に料金を低くすると需要が増えるので、需要を増やして増益を図るためという経済学でいう需要の価格弾力性を利用した制度なのである。しかし、老人などに対する福祉的な制度を知っているために、それを過度に一般化して学割にも適用してしまった。先の「力の平行四辺形の法則」に関する素朴概念でも、水に満たされたバケツを二人で持ったら軽く感じたといった経験を一般化した知識を形成する。そして、それを広範な問題解決に適用するのである。こうした過度に一般化された知識であるという性質から、素朴概念は素朴理論などと呼ばれることがある。まさにわれわれは、一部の知識から理論をつくってしまうほどの能動的な活動を頭の中で行っているのである。

●問題を解決するということ

心理学でいう問題解決とはたんに数学の問題やパズルを解くといったことにとどまらない。たとえば、朝外出しようとするときに曇り空を見て傘を持っていこうかやめようか考えた上で、結論を出すのも問題解決である。あるいは二人の男性からプロポーズされて、その中から結婚相手を決めるといったことも問題解決といえる（その問題解決が正答だったか、誤答だったかは後にならないと検証できないが)。

では問題解決ではどのような情報処理がなされているのだろう。天井からバナナが吊り下げられた部屋にチンパンジーを入れる。ジャンプをしても届かないことがわかると、部屋を見渡しそこに置かれていた箱を踏み台にしてバナナを手に入れることができたという。[10] この場合もチンパンジーが問題を解決したといえる。その際に、チンパンジーの頭の中では自分の置かれた状況を分析して、「踏み台を使えば高いところにあるバナナを取れるぞ」といった仮説を立てたのではないかと思われる。またこの場合、仮説通りに問題が解決されたとみなすことができる。人間の問題解決の多くは、こうした仮説に基づく。そして、その仮説は過去の類似の経験から得た知識をそのまま適用することによって、また過去の関連するさまざまな知識を組み合わせることによって立てられる。「理解する」ということは外部からの情報を既存の知識を使って解釈を構成していく能動的な過程であったが、問題解決は更に能動的な過程だといえる。

このように問題解決の場合には既にもっている知識を新しい問題解決の状況に当てはめることが必要になる。しかし、人はそのような知識をもっており、そうした既有知識を使った能動的な情報処理をするからといって既有知識をさまざまな問題の解決にそのまま当てはめることは容易ではないという現象も知られている。そうした現象を示す代表的な研究が図5－4のような文章を使って行われている。実験の手続きは最初に放射線問題を大学生に課した。この場合の解決策はいろいろな方向から微量の放射線を当てるというものである。しかし、一〇%ほどの正答率しか得られなか

放射線問題

ある患者の胃を腫瘍が蝕んでいる。腫瘍を破壊するためには強力な放射線が利用できるが、これを照射すると患部に達する途中で他の正常な組織も破壊してしまう。弱い放射線では、他の組織への害はないが患部を破壊できない。良い方法を考えよ。

要塞問題

ある国の将軍は敵国の中央部にある要塞を破壊しようとしている。要塞は堅固であるため、大軍で攻めないと攻略することはできない。ところが、要塞に通じるいくつかの経路にはいずれも地雷が敷設してあり、大軍で通ろうとすると爆発してしまう。そこで将軍は軍隊をいくつかに分割し複数の経路から進入して要塞を攻め落とした。

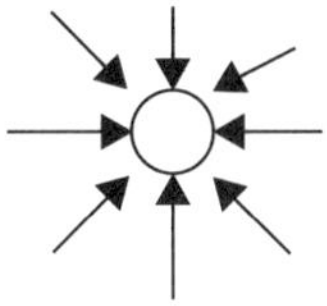

左の図は放射線問題の問題解決で要塞問題から得られる「分割集中」のヒント

図5—4　類推実験で使われた文章[11]

った。また、事前に「分割集中」というヒントになるはずの内容が含まれる要塞問題を読んだ場合でも正答率は三〇%ほどにとどまった。要塞問題で得たはずの知識が放射線問題に使えなかったのである[11]。

同様に全く同一の論理的な問題構造をもっていながらも、問題領域ごとに正答率が異なることが「四枚カード問題」といわれる課題をめぐって行われた実験によって明らかになっている。四枚カード問題とは図5—5のように表にアルファベット、裏に数字の書かれている「E」「K」「4」「7」の四種のカードを示して「一方の面が母音ならばその裏側は偶数である」という命題の真偽を検証するのにどのカードを裏返したらよいのかを問うものである。この問題の正解は、「E」と「7」であるが、大学生を対象にしたいくつかの研究では正答率は一割ほ

オジリナルの４枚カード問題

下の４枚のカードには片面に数字、その裏面にアルファベットが書かれている。「片方が母音ならば、その裏面は偶数でなければならない」という規則が守られているか調べてるためにはどれを裏返す必要があるか。

【E】　【K】　【4】　【7】

年齢と飲み物問題

下の４枚のカードには４人の人物について、片面にその人の年齢、その裏面にはその人が飲んでいるものが書かれている。「もしある人の飲んでいるのがビールであれば、その人は20歳以上でなければならない」という規則が守られているか調べるためにはどれを裏返す必要があるか。

【ビール】　【コーラ】　【22歳】　【16歳】

図５―５　４枚のカード問題

どになった。ところが、表に年齢、裏にその人が飲んでいるものが書かれているカードを用意する。そして、「二二歳」「コーラ」「一六歳」「ビール」という四人の情報が書かれたカードについて「ある人が飲んでいるのがビールならば、その人は二〇歳以上でなくてはならない」という規則が守られているか確かめるのに裏返す必要のあるカードはどれかという問題を出してみた。すると「一六歳」と「ビール」という正しいカードを選べた者が八割にも達した。[12] 二つの問題は「pならばqである」という形式の命題の反証事例を探すために、pで非qを確かめるという形式をもつ同型の問題である。ところが問題によって正答率は大きく異なる。

　この例からわかることは、知識はそれが用いられる特定領域ごとに固有の形で存在するのであって、論理的な形式操作に関するような抽象的な知識が、広範に適用されるのではないということである。こうした領域ごとに規定される思考の性質は領域固有性などと呼ばれている。

四枚カード問題を具体的な問題に変えた場合に正答率が上昇する理由については、さまざまな説が出されている。そのうちの有力な説の一つに実用論的推論スキーマ説というものがある。[13] この説によれば、具体的な内容に全く依存しない抽象的レベルでも、また問題に固有の具体的なレベルでもない、日常の経験から帰納的に抽出される中程度の抽象性をもった知識に基づいて人は推論を行うのだという。たとえば、上記の「年齢と飲み物問題」では「許可」に関する既有知識（許可スキーマ）が使えたために正答率が上昇したと考えるのである。

一般に学校教育では、数学の公式や理科の法則などといった抽象化された知識の獲得が目指される。それは抽象化された知識が獲得されることで、その知識がさまざまな具体的な問題の解決に使えるようになると考えられているからであろう。しかし、知識の領域固有性を示す実験結果はそうした抽象化された知識が獲得された場合でも、それが無条件に広範な問題解決に適用されるものではないことを示唆する。以前に学習した経験が後の学習に影響を与えたり、後の学習が以前の学習に影響を与えたりする現象は学習の転移と呼ばれているが、以前の学習で得た知識が無条件に後の学習に使えるとは限らないのである。つまり学習の転移は起こりにくいのである。事実、学校で学習した内容が日常生活の問題解決場面で生かされていないという指摘がしばしばなされるが、これは人間の認知の本質的な特徴といえるのである。

その一方で、学習の転移が起こりにくいという人の認知の特徴は、先に素朴概念は一般化が図られやすいと述べたことと矛盾する。これは次のように整理できると思われる。既知の知識が適用できるはずの問題でも、問題間に同一の構造が見て取りにくいものとそうでないものがある。実用論的推論スキーマ説のように、これまでの心理学の知見では知識が中程度の抽象性をもった形になっていると、その知識を他の問題に適用しやすいこと、また素朴概念に見られるように日常の事例に基づく知識は他の問題に適用されやすいことがわかっている。素朴概念のように具体的な日常の経験が積み重なるうちに形成される知識は、さまざまな事例から帰納される形で徐々に抽象化され、中程度に一般化された知識になりやすい。これに対し、学校などで新規に得た知識はそのような過程を経ないので、中程度の抽象化を欠き、他の問題解決に適用されにくいのだと思われる。

4　学習を支えるものとしての動機

●その行動は目的か手段か

ある心理学の講義を熱心に聴いているA君とB君という二人の学生がいた。その理由を聞いてみるとA君は講義の内容がおもしろいからだという。一方のB君はこの授業は卒業のための必須の単位で、単位が取れないと卒業延期になるからだという。この二人の熱心に学習するという行動にはそれ自体が目的となっているのか、学習が別の目的の手段になっているのかという違いがある。このような違いに対応して、ある行動についてそれ自体が目的となっている場合には、その行動は内発的に動機づけられているといい、その行動が別の目的の手段となっている場合にはその行動は外発的に動機づけられているという。

両者を比較すると外発的に動機づけられている場合には、その目的がなくなってしまった場合に行動をやめてしまうという点で不都合がある。上記の例では、A君はこの授業が終了しても心理学の他の授業をとったり、自分で関連の本を買ってきて勉強したりすることがあるかもしれない。しかし、B君の方はこの授業に合格してしまうと、それ以上心理学について学ぶことがないであろう。

外発的に動機づけられると不都合なことがもう一つある。それは、次のような実験に見ることができる。まず、幼児にお絵描き遊びを課題として出す。その際に、良い絵が描けたらご褒美をあげるというように報酬の予告をするグループ、そうした予告はないが報酬を与えるグループ、予告も報酬も与えないグループの三つを設けた。そして、お絵描き遊びが終了した自由時間に自発的にお絵描き遊びをする幼児の様子を調べた。その結果、報酬の予告をしたグループでは他の二つのグループに比べて、お絵描き遊びを長い時間続けた者の割合が低かったのである[14]。この結果は、お絵描き遊び自体は幼児にとっておもしろいものであったにもかかわらず、報酬の予告をすることで、活動が報酬を得るための手段になってしまい、内発的動機が低められたものだと解釈できる。このような現象はアンダーマイニングと呼ばれている。

更に、良い成績をとらないと両親に叱られるから勉強をするといった場合のように、外発的に動機づけられている場合には、その行動を自分自身が主体的にやっているという感覚をもてないこと

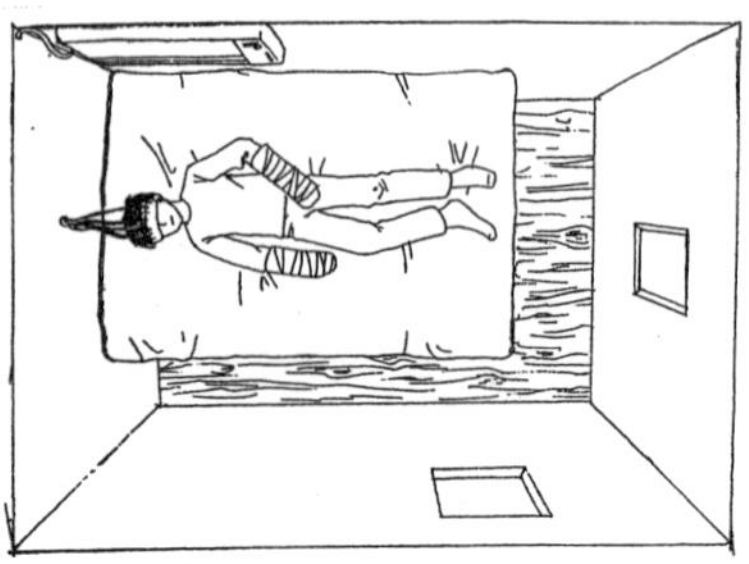

図 5 — 6　感覚遮断実験のようす(16)

がある。そうした場合、内発的に動機づけられている場合に比べて他の資料にあたってみたり、理解を深めるために自分の言葉で言い換えてみたりするなど、学習の工夫を自らするようなことがないという。(15) つまり学習の質にも差が出てしまうのである。

このように一般的に外発的に動機づけられている場合よりも、内発的に動機づけられた行動の方がよい。ただし、親から塾に行かないと叱られるからという理由で、しぶしぶ塾通いを続けていた子どもが、そこで勉強することによって内容が理解できるようになり、勉強が楽しくなって内発的に動機づけられるようになることも現実にあり得ることである。したがって、親や教師には外発的な動機をうまく利用することが求められることになる。

ところで、学習における内発的動機の源泉は、好奇動機とか好奇心と呼ばれるものである。そうした動機の存在は、感覚遮断実験と呼ばれる実験の結果に顕著に表れる。これはアルバイトとして集められた学生に図5—6に示すような刺激性の少ないスーツを着せ、目にはアイマスク、耳には耳栓を付けさせるなどして、一切の感覚刺激や情報刺激を与えず一日中ベッドに横たわらせた。その結果、ほとんどの者は退屈さに耐えかねて一日でやめてしまった。それ以上続けた者には幻覚が生じるなどの症状が出てきたために、実験は中止せざるを得なくなったという。[16]この実験からわかることは、人は本質的に刺激や情報を求める存在なのだということである。事実、われわれは退屈な状態では雑誌を読んだり、テレビを見たりすることで好奇動機を満たそうとする。勉強は潜在的には情報刺激を与えるものであるから、人にとって必ずしも忌避すべきものとはならないのである。

好奇動機には明確な探求の方向をもたない拡散的好奇心と、特定の対象に対してより多くの情報をもとうとする特殊的好奇心の二つのタイプがある。前者は退屈だからテレビを見るというような場合である。また、後者は学校で習ったことを更に追究しようとするような場合である。通常の学習では特定の内容が対象となることから、そこで引き起こされるのは特殊的好奇心である。

一般に特殊的好奇心が引き起こされる条件の一つは、認知的葛藤が生じることであるといわれている。[17]認知的葛藤とは、矛盾する複数の概念間の衝突のようなもので、認知的葛藤が生じたとき、人はその矛盾を解消しようとする方向に関心が向く。たとえば、先に取り上げた図5―2のような問題でbが正解だと思っている者に正解がaであることを知らせると、自分の考えと正解の間の矛盾があるために認知的葛藤が起こり、葛藤を解消するために情報収集（学習）という行動が起こる。われわれが珍しい出来事（普通ではないこと）に関心を抱き、より多くの情報を得ようとするのはこのような理由によると考えられる。更にまた、あることがわかると新たにわからなくなることが出てくることがある。そのような状態になったときも認知的葛藤状態が起こりうる。そこでまた認知

表5—3　動機の種類

主な動機	対応する行動の例
生理的動機	空腹時の摂食・疲労時の休息・危険回避などの行動。
社会的動機	地位や名誉の獲得・権力の獲得・金銭の獲得などを目的とする行動
親和動機	交友関係の形成や維持。
好奇動機	テレビ視聴・読書など退屈さを紛らわせる行動。 研究などの興味をもった対象について探究する行動。
達成動機	エベレスト登山・マラソンなどの困難さを乗り越え、自己充足感が得られるような行動。

的葛藤を解消しようとする活動が生起する。最先端の科学なども科学者のそういった動機のメカニズムによる探求活動を経て進展するのであろう。

●「勉強」はつらいものなのか？

学ぶということにおける内発的動機の源泉は好奇動機であることを述べた。学ぶという行動以外にも人間のさまざまな行動の背後には動機があるのが普通である。ここではまず、好奇動機以外にどのような動機があるのかについて述べていきたい。

人間の動機には好奇動機の他に、表5—3のような動機があると考えられている。生理的動機とは、摂食行動、危険や不安な状態を回避するといった行動を引き起こす動機である。これは生命の維持の役割をもっていると考えられる。社会的動機とは地位や名誉などの社会的な承認を求める行動を引き起こす動機である。また、円滑な友人関係などに見られるような人と人との和を保とうとする動機を特に親和動機という。このような動機があるために、人は人間関係に悩んだり、他の人から無視されるとつらく感じたりするのではないかと考えられる。

好奇動機と共に、学習に深く関連する動機に達成動機がある。達成動機とは困難だと思えるような課題にも粘り強く取り組み、自己充足感を得ることを目的とするような動機である。かつてオリンピックのマラソンで銅メダルを獲得した有森裕子選手はゴール直後の感想を聞かれ、「初めて自分で自分を誉めたい」と言った。彼女はその前のオリンピックで銀メダルを獲得していることから、メダルを取ったことが誇らしかったのではないだろう。苦しい練習に耐え、本番のレースで自分の力を存分に発揮できたことがこの言葉になって表れたと思われる。このような困難な行動の背後にあるのが達成動機である。勉強にも好奇動機に支えられるような楽しいものばかりではない。ちなみに勉強という語を手元の国語辞典で引いてみると「学問などにつとめはげむこと」などとなっている。[18] このように勉強には努め励まなければならない困難な側面もある。だから勉強も達成動機の対象になると考えられる。

しかし、人は本来達成動機をもつはずなのに、難しい問題が出てくるとすぐにあきらめてしまったり、勉強を忌避すべき対象として捉えたりする人がいる。では、どうしてそのような人が出てくるのであろうか。こうした現象を学習性無力感という考え方がうまく説明してくれる。[19] 学習性無力感とはいくらがんばってもテストでいい成績が得られなかったり、一生懸命授業を聴いていても理解できなかったりするといった経験が積み重ねられることで、勉強しても無駄だという考え方が身についてしまうというものである。つまり、意欲のなさはそれまでの失敗経験によって、やっても目指す結果は得られないということを学習してしまった結果だというのである。人はやっても無駄だと思うことを苦労してまでやろうとはしないだろう。同様に、努力してやればできることはわかっていても、その努力をする自信がないような場合にもやる気は起きない。このような認識も努力しようとしたが途中で飽きてしまったという経験の積み重ねでつくられ、学習意欲を低めてしまう。

逆に、高い学習意欲をもつには勉強をすれば成績が良くなるという見通しや、そのために必要な努力ができるという自己効力感と呼ばれるような認識をもつことが必要になる。そうした認識をもてるためには成功経験を積むことが大切になるのである。もちろん、成功経験をするためにはそれなりの努力をしなくてはならない。また、仮に成功した場合でも、その成功が努力によるものだと思わなければ次の行動につながりにくい。第4章でも触れたように、ある結果の原因を推定することを原因帰属というが、同じ成功でもそれを運や課題が易しかったからだというような自分で制御できない外的な原因に帰属させると、次の結果に対する明確な予想がしにくいからである[20]。また、努力と同様に内的な要因であっても、生まれつきの能力といった要因に原因帰属した場合には、成功したとしても次の努力には結びつかない。特に、失敗したときには自分にはもともと能力がないために失敗したのだということになってしまい、それ以上の行動をやめてしまうことにもなりかねない。

こうした理由から、成功や失敗の原因帰属は達成動機の高低を規定する重要な要因となり、結果を努力に帰属することが大切となる。そしてまた、原因帰属は同一の成功や失敗という経験の原因をどのように捉えるのかという認知の問題、すなわち情報処理の問題としても捉えられるのである。

5　知識の獲得の背後にあるもの

●認知のガイド役としてのメタ認知

メタ認知とは一言でいうと、自分自身の認知の状態を評価し、認知を制御する働きのことである。認知の状態についての評価の例として、小説を読み終えたり映画を観終わったときに「よくわからなかった」と感じたりすることがある。この場合、自分自身の理解の状態をモニターし、「わからないことがわかった」ということを意味する。また、試験勉強で前日に覚えたつもりであった内容が思い出せなかったりすることがある。そのような場合には、自分の記憶の状態をモニターして下した前日の判断が不正確だったことになる。いずれの例も理解や記憶の状態をモニターし評価したことになるが、こうした認知に関わる評価の機能がメタ認知の一つの側面である。

一方、認知を制御する働きの例としては次のようなものがあげられる。漢字を覚えるときにどのようにして覚えたら効率的だろうか。ある人は何度も紙に書いて覚えるかもしれない、また別の人はその漢字を使った単文をつくって覚えるかもしれない。このように人によって覚え方は異なる。そこでは、自分にとって効率的な覚え方だと考えている方法を選択していることになる。このことは効率的に記憶できるように、自分自身の記憶法を制御していることを意味する。また、十分に理解できない内容について図を描いてみたり、たとえを使ってみたりして理解しようとすることもある。こうした認知を制御する働きがメタ認知のもつもう一つの面である。

以上のようにメタ認知とは理解や記憶の状態に関する評価機能や効果的な記憶や思考の方法の選択と適用機能などを指す。これらはメタ認知的な活動とまとめることができる。メタ認知的な活動は、個人の認知に関する知識や個人を離れて人間の認知の一般的性質に関する知識に基づく。そのような知識がメタ認知的知識である。

このようにメタ認知は、メタ認知的活動とメタ認知的知識に大別され、更にメタ認知的活動は、評価と制御の二つに分類されることがある。ただし、これらの関係はメタ認知的知識がメタ認知的な活動を規定し、またメタ認知的な活動経験によりメタ認知的知識が獲得されるといったように相互に関連している。さらには、メタ認知的活動の中で分類される評価と制御についても相互に関連していると考えられる。正確な評価ができれば、それに見合った適切な制御方法の選択を可能にするし、適切な制御方法の採用によって正確な評価ができると考えられるからである。

では現実の学習という活動の中で、メタ認知はどのように関わってくるのであろうか。たとえば、試験前日に勉強をしていて、これで学習内容の理解や記憶が十分だと正確に評価できれば試験で好成績が期待できる。しかし、まだ不十分であるのに十分だと評価してしまえば、試験の結果は散々なものになってしまうだろう。逆に、十分に理解したり記憶したりしているのに、不十分だと評価してしまえば必要以上の勉強をしなくてはならないことになる。また、理解についてわからないことが何なのかを知ることは、疑問の生成につながり次に何をしたらいいのかについての指針を与えてくれる。この意味でメタ認知は学習のガイド役といえるのである。

また、メタ認知的な制御は記憶や理解の促進役を果たす。たとえば、文章を読む際に批判的に読むことが、内容の理解や記憶に有効だという報告がある。[21] 文章を読む際にそうした方法を知り、そのような方法を使ってみれば、読解は深いものになる。また、学校の理科の授業で電流・電圧・抵抗の関係を水の流れにたとえて教えられることがある。これは目に見えない電気を理解する上で類似の構造をもつ水流にたとえることによって可視化できるために、理解を助けるものとして取り入れられているのであろう。教えられるだけでなく、学習者がこのような方法を内化させ、理解しにくい内容をたとえで理解するようになればそれがメタ認知制御を行っているということになる。同様なたとえの利用の例を紹介しよう。化学で登場する周期表が完成するまでにはさまざまな化学者の研究の蓄積があったという。そうした過程でニューランズという一九世紀の化学者は元素を原子量ごとに並べると性質の似た元素が現れることを音楽のオクターヴのメタファーとして捉えたという。[22] こうした例にみるように理解や発明・発見といった思考に関連したプロセスにメタ認知的な制御が深く関わっている。

さらには、動機にさえもメタ認知的な制御が関わっている。ある大学の学生に中学校や高校の時代を振り返ってみて歴史の授業の好き嫌いについて尋ねた調査がある。[23] 結果は好きだったと答えた者、どちらともいえないと答えた者、嫌いだったと答えた者がほぼ同数であった。この学生たちにメタ認知的な学習方法について、「勉強してきたことを確認するために、自分自身に質問する」「勉強していて何か難しい言葉があれば、自分がわかるようなことばに置き換えて理解する」といった学習の際のメタ認知的な評価や制御に関わる項目を質問したところ、歴史の学習が好きだったと答えた者は嫌いだったと答えた者よりも得点が高くなった。つまり、好きだったとした者は自らの認知の制御を巧みに行っていたのである。逆に、嫌いだったとした者は学習項目を機械的に暗記していたのであろう。テレビの歴史物などはおもしろいと感じたりすることがあるが、メタ認知的な制御得点の高かった者は、一見、羅列的に見える歴史の学習項目を、つながりをつけるなどして意味を構成しようとするメタ認知的な制御を通して、頭の中にストーリーをつくっていたのではないかと推測できる。だから、学習がおもしろいものになり、歴史が好きだったと答えたのであろう。これに対し、得点の低かった者は学習内容を詰め込むだけで、項目間のつながりを欠く学習をしていたので、おもしろさを感じにくかったと思われる。こうしてみるとメタ認知的な制御は学習動機にも影響を与えているのである。

これまでの学力は主に知識の量が問題にされてきたが、以上に述べてきたようにメタ認知の能力も学力を規定する重要な要素だと考えられる。また、学習動機にも影響を与える可能性がある。

●日常状況と認知のかかわり

ここに興味深い二つの調査がある。まず、アメリカの山岳地帯の辺地に住む子どもたちに引き算の問題を課した調査である。(24) 最初の質問は「きみが一〇セントもっているとき、お菓子屋さんでアメ玉を六セント買ったらいくら残るでしょう」というものであった。子どもの答えは、「ぼくは一〇セントもっていないけれど、もしもっていたとしてもアメ玉を買うのには使わないよ。アメ玉はママが作ってくれるんだもの」と答えたという。もちろん、この調査では引き算が正確にできるかどうかを調べることが問題になる。そこで、「お父さんの飼っている一〇頭の牛をきみが牧場に連れて行ったら、六頭が迷子になってしまいました。きみは何頭の牛を家に連れて帰ったでしょうか」という質問に変えてみた。すると、「ぼくの家では牛を飼っていないけれど、もし飼っていて六頭いなくなったらぼくはもう家に帰れないよ」と答えたという。更に、質問を変えても同様な答えが返ってきたという。

次はわが国の小学生を対象に行われた調査である。(25) この調査では「四×八＝三二」という掛け算の問題をつくらせた（かけ算九九自体は小二の学習内容である）。適切な問題がつくれたのは小三で四四％、小六でも四八％で学年による大きな違いはなかった。不適切な問題とは、「スズメが四羽いる電線に八羽とまっていました。電線にはなん羽とまっていますか（小三）」、「リンゴが四つあって、八つのナシをかけるといくつでしょう（小五）」などである。さらに、このような不適切な問題を適切な問題に混ぜて小五の子どもたちに解かせてみた。すると、解けないとした者は僅かであり、多くの子どもたちは二つの数字を掛け合わせて答えを出してしまった。

二つの調査結果を比較すると、アメリカの山岳地帯の子どもたちが算数を日常と関連づけて捉えているのに対し、日本の子どもたちは日常と切り離したものとして捉えているという点に違いがあることに気づく。日本での調査のように、学校での学習が日常状況と離れたものになってしまっている原因を、学校での学習と日常での学習を比較することで探ってみよう。

まず、学校での学習は学習者にとって学習する必然性の認識が希薄であるという点が挙げられる。通常、学ぶという行動があるためには何らかの動機がある。インターネットでいろいろな情報を収集したいからコンピュータを学んだり、水泳がうまくなりたいからスイミングスクールに行ってコーチから上手な泳ぎ方を学んだりするといった具合にである。しかし、学校では学習者が必ずしも学ぶ必要性を感じていない内容を教室に入ってきた教師がいきなり話し始める。このような状態では、内発的に動機づけられた学びにならないどころか、外発的にも動機づけられにくい。つまり、学習への動機がないまま学習を強いられることになる。このような学びは日常の学びと比べると不自然なものといわざるを得ない。

第二に日常での学びが直接的な経験を経ることが多いのに対し、学校では主に言語を媒介にした間接経験であるという違いが挙げられる。第三節の「誤解という理解」で素朴概念の修正には直接的な体験が必要であることを述べたが、言語を媒介とした知識では「実感」として感じられる知識になりにくい。この点で納得されにくい知識になってしまう。このことも学校で習う知識の性質が、日常状況での知識の性質と異なっている点である。

学校での学習には問題状況が固有にもつ制約が欠如していることも、日常の学習とは違っている。

ここでいう制約とは次のようなことをいう。算数で「3と½本のジュースがありました。これを3人で分けると一人あたり何本飲めることになりますか」という問題があったとしよう。通常、算数では「$3\frac{1}{2}\div 3$」という立式がされ、帯分数を仮分数に直して「$\frac{7}{2}\div 3$」として計算が進められる。しかし、現実の生活の中ではとりあえず三本のジュースは一本ずつ分け、残りはコップに等量になるように分けるのである。実際に計算するにしても「$\frac{1}{2}\div 3$」でよいのである。この場合、通常の生活ではジュースのビンという分離可能な対象についての均等配分の場合は、分離可能な分についてはまず分離してから残りの分離できない分について計算をするという思考を方向づけるのである。こうしたことが問題状況固有の制約である。学校での学習はこの種の制約を欠くために不自然なものになる場合があり、この点も日常の学習とは違う。

第四に日常での学習はまさに日常の問題が学習の対象になるのに、学校での学習内容は日常とのつながりをもちにくいものになっている点が挙げられよう。かつては、数学を勉強すると数学の内容はもちろんのこと、数学を超えて論理的な思考の育成に役立つといった学習の転移観が一般的であった。しかし、先に述べたように思考の領域固有性が広く認められている現在では、そのような学習の転移観はナンセンスだと考えられている。学校で学習をする目的は、市民生活を快適に送るための知識や技能を身につけることであろう。そうであるならば、現実の生活での問題を直接的に扱わなくてはいけないことになる。

以上のように日常での学習と学校での学習を対比的に眺めると、日常での学習は学び手の置かれた現実の状況に認知が依存しているのに、学校での学習はそうではないことがわかる。これまでの学校での学習はこうした状況依存性というものを考慮してこなかったために、学校という文脈に閉ざされた学習がなされてしまうようになったのだと考えられる。

●まとめに代えて――「総合的な学習の時間」がもつ可能性――

学習指導要領という文部科学省で出している「きまり」がある。これに基づいて教科書が作成されるから授業の根幹を規定するものだといえる。その学習指導要領の小学校版によれば、冒頭のエピソードに出てきた「総合的な学習の時間」の狙いは以下のようになっている。[26]

(一) 自ら課題を見付け、自ら学び、自分から考え、主体的に判断し、よりよく問題を解決する資質や能力を育てること。

(二) 学び方やものの考え方を身に付け、問題の解決や探求活動に主体的、創造的に取り組む態度を育て、自己の生き方を考えることができるようにすること。

そして、学習課題の例として国際理解、情報、環境、福祉・健康が掲げられ、横断的・総合的な課題について学習することとなっている。さらに配慮すべきこととして体験的な学習や問題解決的な学習を取り入れることが挙げられている。

このように従来の知識を記憶するといった学習とはいくぶん異なる学びが目標となっている。これらを本章の内容と関連づけるとどのようになるのであろうか。まず、体験が重視されているという点を取り上げたい。体験的な学習は記憶の点からいうと、エピソード記憶になりやすい。したがって、学んだ事柄がすぐに剝落してしまうというようなことが回避できる可能性がある。また、素朴概念の例で見たように体験を経ることによって実感的に学ぶことができるために、納得のいく知識になる。

学び方やものの考え方の育成は本章でメタ認知の問題として取り上げた内容に関連する。先に自らの思考の制御法といったメタ認知も学力を規定する要素であると述べたが、学び方やものの考え方を身につけさせるという「総合的な学習の時間」の狙いの実現が図られるためにはメタ認知的な知識をもつことやメタ認知的な活動を適切に行うことが必要になる。このように「総合的な学習の時間」とメタ認知は関わるのである。そして、それはいままで着目されてこなかった新たな学力の育成につながる可能性がある。

例示として国際理解、情報、環境、福祉・健康が掲げられていた。これなどはいくつかの点で当を得たものといえる。まず、これらはいずれも現代の社会でわれわれが直面している課題である。先に学習の転移はされにくいと述べたが、われわれが直面する課題そのものを取り上げているわけだから学習の転移を考える必要はない。そこで得た知識がそのまま現実の生活の中で役に立つのである。さらに、こうした問題は従来の教科の内容の範囲にとどまらないために、教科横断的にならざるを得ない。認知心理学の観点からするとこうした学びも有効だと考えられる。それは先に古代土地制度の変遷の記憶で述べたように、学んだ内容が体系的に結びつくような記憶は後まで剝落しにくいという特徴をもっているからである。以上に述べてきたような理由で、「総合的な学習の時間」は従来の教科教育の足りなかった部分を補償するものになる可能性があるのである。

引用文献

(1) Brown, R., & Kulik, J., 1977: Flushbulb memories. Cognition, 5, 73-99.

(2) 麻柄啓一　一九九九「知識」は「情操」の敵なのか 授業を考える教育心理学者の会（著）『いじめられた知識からのメッセージ』、北大路書房、七八―八九頁。

(3) 作間慎一・大竹信子　一九九五　大学生の記憶についての心理学的知識 日本教育心理学会第三七回総会発表論文集、一二三頁。

(4) 西林克彦　一九九四『間違いだらけの学習論』新曜社。

(5) Rumelhart, D.E., & Ortony, A., 1977: The representation of information in memory. In R.C.Anderson, R.J.Spiro & W.E.Montague (Eds.), Schooling and the acquisition of knowledge. Lawrence Erlbaum Associates.

(6) Bransford, J.D., & Johnson, M.K., 1972: Contextual prerequisities for understanding; Some investigations of comprehension and recall. Journal of Verbal Learning and Verbal Behavior, 11, 717-726.

(7) 山梨日日新聞　二〇〇三「人気キャラ、ＴＶから続々」（七月三日記事）。

(8) 文化庁　二〇〇三　http://www.bunka.go.jp/（二〇〇三年九月アクセス）。

(9) 麻柄啓一・進藤聡彦　一九九七　経済学領域における大学生の不適切な認識とその発生機序 千葉大学教育学部研究紀要、四五(一)、二一一―二一九頁。

(10) ケーラー・W　一九三六（宮孝一　訳）『類人猿の智恵試験』岩波書店。

(11) Gick, M.L., & Holyoak, K.J., 1980: Analogical problem solving. Cognitive Psychology, 12, 306-355.
(12) Griggs, R.A., & Cox, J.R., 1982: The elusive thematic-materials effect in Wason's selection task. British Journal of Psychology, 73, 497-520.
(13) Cheng, P.W., & Holyoak, K.J., 1985: Pragmatic Reasoning schemas. Cognitive Psychology, 17, 391-416.
(14) Lepper, M.R., Green, D., & Nisbett, R.E., 1973: Undermining children's intrinsic interest with extrinsic rewards: A test of the "overjustification" hypothesis. Journal of Personality and Social Psychology, 28, 129-137.
(15) Nolen, S.B., 1983: Reason for studying: Motivational orientation and study strategies. Cognition & Instruction, 5, 269-287.
(16) Heron, W., 1957: Psychology boredom. Scientific American, 196, 52-56.
(17) バーライン・D・E　一九七〇（橋本七重・小杉洋子　訳）『思考の構造と方向』　明治図書。
(18) 久松潜一・佐藤謙三（編）　一九六九　『角川国語辞典』　角川書店。
(19) セリグマン・M・E・P　一九七五（平井久・木村駿　監訳）『うつ病の行動学』　誠信書房。
(20) Weiner, B., Heckhausen, H., Meyer, W., & Cook, R.E., 1972: Causal ascriptions and achievement behavior : A conceptual analysis of effort and reanalysis of locus of control. Journal of Personality Social Psychology, 21, 239-248.
(21) 秋田喜代美　一九八八　質問作りが説明文の理解に及ぼす効果　教育心理学研究、三六、三〇七―三一五頁。
(22) 井山弘幸　二〇〇二　メタファーと科学的発見　言語、三一（八）、三八―三九頁。
(23) 進藤聡彦　二〇〇三　メタ認知的な学習方略が知識の有意味化に及ぼす影響　教育方法学研究、二八、九五―一〇五頁。
(24) 滝沢武久　一九八四　『子どもの思考力』　岩波書店。

(25) 佐伯胖 一九八九 子どもの納得世界を探る 佐伯胖 他(著)『すぐれた授業とはなにか——授業の認知科学——』 東京大学出版会、四九—一〇九頁。

(26) 文部省 一九九八『文部省告示 小学校学習指導要領』 ぎょうせい。

執筆者略歴（執筆順）

松嶋　秀明（まつしま　ひであき）第1章

滋賀県立大学人間文化学部・教授

専攻　臨床心理学、発達臨床学

名古屋大学大学院博士課程修了　博士（教育学）

主著「非行少年の「問題」はいかに語られるか」（発達心理学研究、14巻）、「非行少年はいかに問題のある人物になるのか」（質的心理学研究、1号）など

岡本　依子（おかもと　よりこ）第2章

立正大学社会福祉学部・准教授

専攻　発達心理学

東京都立大学大学院博士課程満期退学

主著「カタログ現場心理学――表現の冒険――（共著）」（金子書房）、「心理学におけるフィールド研究の現場（共著）」（北大路書房）など

酒井　　厚（さかい　あつし）第3章

首都大学東京人文社会学部・准教授

専攻　発達心理学、社会心理学、発達精神病理学

早稲田大学大学院人間科学研究科博士課程満期退学　博士（人間科学）

主著「子どもによる親への対人的信頼感：児童・思春期の双生児を対象とした人間行動遺伝学的検討」（発達心理学研究、14巻）、「中学生の親および親友との信頼関幌と学校適応」（教育心理学研究、50巻）など

尾見　康博（おみ　やすひろ）編集・第4章

山梨大学教育人間科学部・教授

専攻　社会心理学、心理学論

東京都立大学大学院博士課程中退

主著「心理学におけるフィールド研究の現場（共編著）」、「心理学論の誕生（共著）」（ともに北大路書房）など

進藤　聡彦（しんどう　としひこ）編集・第5章

放送大学教養学部・教授，山梨大学名誉教授

専攻　教授―学習心理学、認知心理学

東北大学大学院博士課程満期退学　博士（教育学）

主著「素朴理論の修正ストラテジー」（風間書房）、「いじめられた知識からのメッセージ（共著）」（北大路書房）など

索　　引

ア行

カ行

サ行

タ行

ナ行

ハ行

マ行

ヤ行

ラ行

ワ行

私たちを知る心理学の視点

2004年4月20日　第1版第1刷発行
2019年4月10日　第1版第5刷発行

編　者　尾《お》　見《み》　康《やす》　博《ひろ》
　　　　進《しん》　藤《どう》　聡《とし》　彦《ひこ》

発行者　井　村　寿　人

発行所　株式会社　勁《けい》　草《そう》　書　房

112-0005　東京都文京区水道 2-1-1　振替　00150-2-175253
（編集）電話　03-3815-5277／FAX　03-3814-6968
（営業）電話　03-3814-6861／FAX　03-3814-6854
総印・松岳社

ISBN978-4-326-15376-3　　Printed in Japan

http://www.keisoshobo.co.jp

道又　爾
心理学入門一歩手前
「心の科学」のパラドックス
四六判　二三〇〇円

子安増生　編著
アカデミックナビ　心理学
A5判　二七〇〇円

河原純一郎・坂上貴之　編著
心理学の実験倫理
「被験者」実験の現状と展望
四六判　二七〇〇円

大久保街亜・岡田謙介
伝えるための心理統計
効果量・信頼区間・検定力
A5判　二八〇〇円

ラインハート　著
西原史暁　訳
ダメな統計学
悲惨なほど完全なる手引書
A5判　二二〇〇円

スミス　著
澤田匡人　訳
シャーデンフロイデ
人の不幸を喜ぶ私たちの闇
四六判　二七〇〇円

＊表示価格は二〇一九年四月現在。消費税は含まれておりません。